LES COMMUNISMES BRITANNIQUE ET FRANÇAIS, 1920-1991

Historiques

Dirigée par Bruno Péquignot et Vincent Laniol

La collection « Historiques » a pour vocation de présenter les recherches les plus récentes en sciences historiques. La collection est ouverte à la diversité des thèmes d'étude et des périodes historiques.

Elle comprend trois séries : la première s'intitulant « travaux » est ouverte aux études respectant une démarche scientifique (l'accent est particulièrement mis sur la recherche universitaire) tandis que la deuxième intitulée « sources » a pour objectif d'éditer des témoignages de contemporains relatifs à des événements d'ampleur historique ou de publier tout texte dont la diffusion enrichira le corpus documentaire de l'historien ; enfin, la troisième, « essais », accueille des textes ayant une forte dimension historique sans pour autant relever d'une démarche académique.

Série Travaux

Gérard VALIN, *Les Jacobites, la papauté et la Provence*, 2019.
Michel BERGEYRE, *Le destin de l'Evening-Star, Les artistes du spectacle face à la première mondialisation et aux risques du voyage*, 2018.
Christian FEUCHER, *L'Affaire Bolo. Trahisons, menées secrètes et haines politiques durant la Grande Guerre*, 2018.
Bernard BERDOU D'ASS, *Chauveau-Lagarde, Ses causes les plus remarquables, de la Terreur à l'après-Thermidor*, 2017.
Jean-Philippe MARTIN, *Des « Mai 68 » au sein des campagnes françaises ?, Les contestations paysannes dans les années 1968*, 2017.
Sébastien EVRARD, *Les avocats au temps des Lumières. La réforme des assemblées provinciales de 1787*, 2017.
Laura-FOURNIER-FINOCCHIARIO, Cristina CLIMACO, *Les exilés politiques espagnols, italiens et portugais en France au XIXe siècle. Questions et perspectives*, 2017.
Didier CHAUVET, *Irma Grese et le procès de Belsen. Une surveillante SS des camps de concentration condamnée à mort*, 2017.
Georges JEHEL, *Les origines chrétiennes de la démocratie moderne. La part du Moyen-Âge*, 2017.

Gavin Bowd

Les communismes britannique et français, 1920-1991

Un conte de deux partis

5-7, rue de l'École-Polytechnique, 75005 Paris

http://www.editions-harmattan.fr

ISBN : 978-2-343-19613-8
EAN : 9782343196138

Introduction

Sans doute, apparaît-il farfelu, sinon incongru, d'associer le Parti communiste français (PCF) et la Grande-Bretagne dans un même ouvrage. Il est vrai que l'analyse des relations internationales du PCF s'est jusqu'à présent détournée du rivage anglais pour se concentrer sur des thèmes en apparence plus évidents, ou remarquables, depuis les liens congénitaux du parti avec l'URSS jusqu'au rôle du parti dans la lutte anticoloniale, sans oublier l'hostilité des communistes français envers la puissance américaine ou encore à l'encontre de la construction européenne. De même, l'étude des « partis frères » du PCF s'est souvent limitée à croiser le destin du parti français avec celui d'autres géants du communisme occidental, italien ou espagnol, au détriment de formations plus modestes, à l'instar de ce pauvre voisin révolutionnaire d'outre-Manche : le Communist Party of Great Britain (CPGB).

Cela peut se comprendre. Après tout, à son apogée dans l'après-guerre, le CPGB ne comptait que deux députés et 50 000 adhérents, alors qu'au même moment le PCF rassemblait près de 30 % des votants et participait au gouvernement de coalition issu de la Résistance. Néanmoins, les communismes britannique et français méritent comparaison : le PCF et le CPGB furent fondés dans deux pays voisins de taille similaire et de niveau économique comparable, à la fois alliés et rivaux dans le développement de leurs empires coloniaux. En outre, les destins contrastés de ces partis nous offrent un aperçu original sur les cultures de leur pays respectif, notamment en ce qui concerne les similarités et les différences des mouvements ouvriers britanniques et français. Une étude des relations entre les deux partis permettra ainsi d'examiner dans quelle mesure leurs visées internationalistes ont su, parfois, surmonter ces différences culturelles. Cette étude suivra la chronologie de la montée et du déclin des deux organisations, tout en se penchant de manière plus thématique sur le regard que les partis communistes français et britannique portèrent l'un sur l'autre et réciproquement.

CHAPITRE 1

Fondations, 1920-1933

Les origines des partis communistes français et britannique diffèrent sensiblement. Alors qu'au Congrès de Tours en 1920, le PCF est issu du vote par une majorité des délégués de la SFIO en faveur de l'adhésion au Komintern, le CPGB, quant à lui, naît de la fusion de groupuscules marxistes, en dehors du parti travailliste – lequel refusera toujours les offres d'affiliation proposées par les communistes. La victoire de la majorité pro-Komintern à Tours s'explique par la radicalisation d'une partie des ouvriers français face aux difficultés sociopolitiques de l'après-guerre, marquée à la fois par une réaction antimilitariste à l'Union Sacrée et une fascination pour la Révolution russe, dont le déroulement semble poursuivre la tradition révolutionnaire française. Ainsi commence un jeu de miroirs entre les communistes français et russe, qui fonde l'attachement viscéral du PCF à l'URSS. En Grande-Bretagne, le Labour Party, fondé en 1905, trouve son origine dans la volonté du mouvement syndical anglais réuni dans le Trades Union Congress (TUC) de construire un vaste moyen de représentation afin d'accéder à la Chambre des Communes et de participer à la vie politique du pays. Fondamentalement réformistes et patriotiques, les travaillistes sont moins susceptibles d'adhérer au marxisme révolutionnaire et, par extension, au Komintern (même si cette *broad church* tolère en son sein une importante minorité radicale, voire marxisante). Contrairement au Congrès de Tours, où Léon Blum apparaît isolé face à des militants pro-russes emmenés par Marcel Cachin, la *conference* du parti travailliste de 1920 est marquée par le scepticisme antibolchevique de l'écrivain George Bernard Shaw, fraîchement revenu de son voyage dans la Russie de Lénine.

Certes, dans le *Daily Herald*, journal proche du Labour Party, George Slocombe accueille avec joie l'adhésion française au Komintern :

> Cette semaine à Tours, le cours du socialisme a été changé. On a brisé les dieux anciens aussi radicalement qu'à Éphèse [...] Le Congrès de Tours a été vivifiant, comme une toute première plongée dans une mer inconnue, ou comme le premier pas sur un chemin obscur et aventureux. [...] Il y eut de grands moments de silence, comme le soleil dans une forêt à demi défrichée, où des paroles nobles ont résonné comme des trompettes[1].

Toutefois, c'est bien en marge du Labour que le CPGB trouve ses premiers adhérents, à l'issue d'une fusion entre le Socialist Labour Party, la South Wales Socialist Society, et des dissidents de l'Independent Labour lors de la conférence de 1920. Ce rassemblement est renforcé, en janvier 1921, lorsque le parti admet dans ses rangs le groupe de Sylvia Pankhurst, dont Lénine avait dénoncé la « maladie infantile » antiparlementaire, et le Communist Labour Party, une émanation des délégués syndicaux du bastion syndical de la *Red Clydeside*, dans la région de Glasgow.

Si l'attirance de beaucoup de socialistes français vers le pays des Soviets et le Komintern s'inscrit dans une longue tradition

[1] *Daily Herald*, 31 décembre 1920.

révolutionnaire, républicaine, jacobine et syndicale, les perspectives d'avenir pour le pays où Karl Marx développa sa critique du capitalisme semblent bien moins prometteuses. En août 1920, *L'Humanité* – qui, à ce moment, est encore le journal de la SFIO de Jaurès – publie un entretien avec George Lansbury, journaliste et homme politique travailliste qui cultive, tant bien que mal, des relations amicales avec Lénine. À propos de la fondation toute récente d'un parti communiste en Grande-Bretagne, il déclare : « Je reste en suspens. J'attends de voir nos camarades à l'œuvre. [...] Tout dépendra de la façon dont ils adaptent les principes révolutionnaires établis par les camarades russes, aux conditions anglaises ». En fait, Lansbury reste persuadé que l'Angleterre est « le pays par excellence où la révolution sociale s'accomplira sans effusion de sang [...] L'Anglais, libéral par nature, est toujours prêt à entrer dans des explications et à faire des concessions »[2]. À quoi bon créer des soviets, poursuit-il, s'il y a déjà des municipalités à diriger ?

La diplomatie française est encore plus sceptique sur l'avenir du communisme britannique. En juin 1920, l'ambassade de France se félicite de l'attitude modérée du Labour Party lors de sa conférence annuelle. En effet, la conférence a repoussé, à la quasi-unanimité des voix, une motion tendant à demander le recours à l'action directe (c'est-à-dire à la grève générale) pour contraindre le Gouvernement britannique à la neutralité envers le Gouvernement russe des Soviets. Par ailleurs, l'écrasante majorité des délégués travaillistes ont repoussé une motion tendant à affilier le parti à la Troisième Internationale. L'ambassadeur conclut : « ces deux votes sont essentiellement caractéristiques du

[2] *L'Humanité*, 3 août 1920.

Trade-Unionisme anglais, qui est généralement prudent, modéré et opposé aux violences »[3].

Cela dit, les diplomates ne nient pas l'ampleur de l'agitation sociale qui secoue la Grande-Bretagne, comme la France, au début des années vingt, une agitation à laquelle s'ajoute, dans le cas britannique, la guerre anglo-irlandaise. Ces derniers sont sensibles aux agissements des Conseils d'action, de plus en plus marqués par l'influence communiste, et à la menace posée par une grève des mineurs dans le pays entier. En 1921, un rapport consulaire en provenance de Glasgow souligne la force non négligeable du socialisme radical dans la légendaire *Red Clydeside* :

> La célébration du premier Mai, favorisée par un temps magnifique et cette date tombant un dimanche, a donné lieu à une importante manifestation à Glasgow. On évalue à 150 000 personnes le nombre des curieux et des manifestants qui se seraient réunis au Green Park. [...] En tête du cortège, des cars contenant des enfants des *Socialist Sunday Schools* portant des cocardes et des rubans rouges. Des chants irlandais alternaient avec *Le Drapeau rouge* et *La Marseillaise*. Le refrain des enfants était : *I would not be a bobby. I would rather be a bolshy* (Je préférerais être bolcheviste que *policeman*). [...] On relève le discours révolutionnaire d'un membre du parlement, Neil Maclean, qui excite les soldats et marins à refuser le service contre leurs camarades civils de la guerre, en grève, et prêche la fraternité avec la République soviétiste européenne[4].

---

[3] Centre des archives diplomatiques de La Courneuve (QO) : 92CPCOM/31.

[4] *Ibid.*

Cependant, le contraste entre la fortune du PCF et du CPGB est criant. La majorité du Congrès de Tours s'empare de la plupart de l'appareil de la SFIO, avec un grand nombre de parlementaires et de militants, ainsi que du journal *L'Humanité*. Le Labour Party, quant à lui, demeure strictement anticommuniste, et garde ses députés ainsi que le *Daily Herald*, tandis que le CPGB, de son côté, ne rassemble que 5 000 adhérents et une presse à l'état embryonnaire, bien que jouissant d'une certaine influence à la « base » syndicale. Cela dit, les deux jeunes formations française et anglaise sont contraintes de répondre à un certain nombre de défis communs : comment faire avancer le bolchevisme dans leur pays respectif, ces deux puissances coloniales, arc-boutées autour de systèmes parlementaires raffermis et d'un modèle capitaliste avancé ? Comment concilier l'action directe avec l'action parlementaire ? Quels rapports entretenir avec un courant réformiste qui a résisté aux sirènes de Moscou et choisi de « garder la vieille maison » ? En octobre 1921, le PCF a 110 000 adhérents. En 1924, année de la disparition de Lénine, il n'en reste plus que la moitié. Au même moment, les effectifs du CPGB tombent à 4 000.

Les premiers pas

Au cours des années vingt, les partis communistes britannique et français s'efforcent de consolider leur identité et leur influence, sur fond de clivages à gauche, de mécontentement social, et de tensions inter-impérialistes, lesquelles risqueraient, selon eux, de mener à un nouveau conflit armé. En dépit de leur victoire au Congrès de Tours, les communistes français se trouvent rapidement minoritaires dans le mouvement ouvrier. Dans *Labour Monthly*, journal communiste dirigé par Rajani Palme Dutt, Henri Barbusse, le « Zola des tranchées » qui est l'un des intellectuels communistes les plus en vue, essaie de donner une image positive à cette situation malencontreuse : « Notre force réside dans la minorité que nous construisons chaque jour partout dans le monde, une minorité qui s'inspire d'un espoir commun et qui agira un jour avec une puissance unie et irrésistible »[5].

La force de cette minorité bolchevique est mise à l'épreuve lors du congrès de la CGT, à Lille, en juillet 1921, qui voit l'opposition des tendances réformistes et révolutionnaires, la Fédération syndicale nationale et la Fédération Amsterdam, d'une part, le Profintern (Internationale syndicale rouge) et Moscou, de l'autre. Correspondant du CPGB au nord de la France, George Slocombe s'apitoie dans les colonnes de *The Communist* : « Ceux qui ont peur de la Révolution ont gagné la bataille ». Le correspondant fait la description suivante de Léon Jouhaux, leader triomphant de la modération syndicale française : « Son visage est comme celui du sphinx, il se tient comme une roche ; et, en colère, il rugit comme un lion [...] Jouhaux force le respect de ses adversaires les plus farouches et l'apparition même de son visage massif et imperturbable à la tribune suffit pour calmer le tumulte le plus violent ». Ce chef de file des syndicalistes réformistes est rejoint dans la « calomnie des Soviets » par le dirigeant des métallos, Alphonse Merrheim, « un petit bonhomme malveillant, très doué pour la dialectique, le succès d'un point particulièrement malin mais mesquin marqué aux dépens du gouvernement soviétique allume dans ses petits yeux vifs des feux étranges et brillants ». Néanmoins, Slocombe distingue de jeunes espoirs à la fibre moscovite parmi les délégués, à commencer par Joseph Tommasi, de la fédération de la Seine : « En dépit de son apparence de gamin des rues, c'est un

[5] *Labour Monthly*, juillet 1921, p. 45.

dirigeant révolutionnaire très capable ». De même, Pierre Semard, secrétaire des cheminots communistes, apparaît comme « un jeune homme au visage ouvert et aux yeux honnêtes »[6]. Cependant, la résolution minoritaire appelant à l'adhésion au Profintern est repoussée, et une vague d'exclusions s'ensuit. Le mouvement syndical français, déjà marginalisé, se trouve désormais divisé : les exclus du Congrès de Lille se regroupent dans la nouvelle Confédération Générale du Travail Unifiée (CGTU) face à la CGT de Jouhaux. En janvier 1922, *The Communist* salue le geste des syndicalistes français « tournés rouges » : « espérons que la nouvelle CGT révolutionnaire sera capable d'établir l'unité de tous à l'exception des traîtres les plus en vue et les plus farouches »[7].

Selon les communistes britanniques, l'autre hérésie dont leurs homologues français doivent impérativement se débarrasser porte le nom d'anarcho-syndicalisme. En août 1922, *Labour Monthly* publie un article écrit par Trotski, « Un drame de la classe ouvrière française », suivi d'un reportage sur des échauffourées entre communistes et anarchistes français. En octobre, dans le même journal, Salomon Losovsky, vieux bolchevique et chef du Profintern, dénonce « les maladies infantiles du syndicalisme français »[8]. Pour renforcer ce message international, le numéro contient un article du vétéran révolutionnaire Tom Mann, intitulé « Du syndicalisme au communisme ».

En dépit des revers et des obstacles rencontrés par les communistes français, George Slocombe donne une évaluation optimiste concernant les perspectives d'avenir du PCF. Dans

---

[6] *The Communist*, 6 août 1921, p. 7.

[7] *The Communist*, 14 janvier 1922, p. 1.

[8] *Labour Monthly*, octobre 1922, p. 234.

Labour Monthly, il évoque, lyrique, les nouveaux porte-étendards d'une « France en révolte » :

> La France de Zola et de Victor Hugo est aussi morte que la France de Voltaire, Danton et Robespierre, et la Troisième République n'est guère moins une monarchie que l'Empire. Pour patriotisme, les Français ont la haine de l'Allemagne, et pour religion, on a un rapprochement avec Rome. Mais contre la France de Maurice Barrès, de Raymond Poincaré, et de l'Action française, celle l'exploitation honteuse, mi-sentimentale, mi-sinistre, du « Soldat inconnu » ou celle, païenne, des Vaudeville en pyjama du style « Je veux coucher avec Nini », quelques esprits héroïques ont grimpé à travers la terreur et la nuit vers un autre idéal français. Du haut de son refuge alpin, Romain Rolland, rejetant la France du petit commerçant, du politicien-journaliste et du rentier, projette dans le vingtième siècle son vigoureux paysan, son Colas Breugnon, du seizième siècle. Et de sa masure d'invalide près de Senlis, Henri Barbusse, cet autre sommet de la pensée française pure et généreuse, éclaire l'horizon noir comme un volcan, avec des lueurs soudaines de pitié et de colère contre la misère, l'infantilisme, les petites vies corrompues, les obscures haines et les folies des Français de la plaine[9].

Dans un autre essai, « Le Monde en Révolution », Slocombe fait un éloge assez extravagant, et pour le moins douteux, de la nouvelle génération de dirigeants communistes :

> Pour au moins deux de ses intellectuels – Charles Rappoport et Boris Souvarine – le communisme français

---

[9] *Labour Monthly*, septembre 1921, p. 241.

est redevable aux Juifs slaves. Ces deux hommes ont apporté au mouvement l'immense industrie, la logique perçante, la patience orientale qui caractérisent Lénine, Zinoviev et d'autres maîtres-artisans de la Troisième Internationale[10].

Slocombe évoque son souvenir de Souvarine montant à la tribune du Congrès de Tours : « cette figure agressive et menaçante du marxiste, agitant sans cesse le poing de la logique face à un monde capitaliste, ricanant avec un sens de l'humour sardonique et macabre, muni d'arguments impitoyables et sans réponse, aux épithètes brillantes et audacieuses »[11]. « Un jour, conclut Slocombe, quelqu'un racontera l'histoire des jeunes hommes de tous les pays belligérants qui, bien que soldats, refusèrent de marcher, et qui, même avant la fin de la guerre, se tournèrent violemment contre elle. L'Angleterre avait son Siegfried Sassoon ; la France avait son Barbusse, son Vaillant-Couturier et son [Raymond] Lefebvre »[12].

Afin de s'affermir sur le plan théorique, le CPGB traduit deux opuscules communistes français : *La Troisième Internationale* de Souvarine et *Pourquoi je soutiens le bolchevisme* de René Marchand. Par ailleurs, l'histoire de la France révolutionnaire est fortement en vogue dans l'Angleterre rouge. Ainsi, dans son compte rendu de *The Fall of Feudalism in France* de Sydney Herbert, William Paul écrit : « Les luttes et les problèmes de la Révolution française ont de nombreux points communs avec la révolution russe. Ceci s'explique par le fait qu'il y a eu deux révolutions en Russie depuis 1917. La première a détruit le pouvoir des propriétaires russes et l'autre a émancipé le

---

[10] *Labour Monthly*, novembre 1921, p. 473.

[11] *Ibid.*, p. 473.

[12] Ibid., p. 474-5.

prolétariat industriel de la classe capitaliste ». Selon Paul, les expériences française et russe démontreraient la brutalité de la classe dirigeante et anéantiraient « l'illusion » travailliste de la « démocratie parlementaire »[13]. Bien sûr, les références à la Commune de Paris occupent également une place de choix dans les publications communistes d'outre-Manche. R. W. Postgate soutient que, en mai 1924, « la première grande crise du capitalisme s'était terminée dans la victoire des exploiteurs. La classe ouvrière était brisée moralement et physiquement »[14]. Face à la reprise économique du capitalisme occidental suite à la crise de l'après-guerre, Tom Bell prend la plume et écrit, sur un ton combatif, dans le *Workers Weekly* :

> L'expérience de la Commune de Paris, de la Révolution russe de mars 1917, et de l'offensive capitaliste pendant ces deux dernières années indiquent le chemin que la classe ouvrière doit prendre afin de s'émanciper. On ne peut pas faire de la machine de l'État capitaliste un instrument qui transformerait les vices du capitalisme en vertus sociales. Il fait détruire complètement le capitalisme avant que la tâche de reconstruire la société sur la base de l'égalité sociale ne puisse commencer[15].

Un motif d'admiration, la Commune de Paris a cependant le potentiel d'aggraver le sentiment d'infériorité des communistes britanniques. Ainsi, dans son pamphlet, *An Episode of the Paris Commune. À Model Lesson for Proletarian Schools*, publié à Glasgow en 1922, Tom Anderson déclare à ses lecteurs, « Camarades, Filles et Garçons et Adultes » : « Le 18 mars 1871, les ouvriers de Paris décidèrent de défendre Paris et proclamèrent

[13] *The Communist*, 27 août 1921, p. 9.

[14] *The Communist*, 13 août 1921, p. 8.

[15] *Workers Weekly*, 14 mars 1924, p. 4.

donc la Commune. La Commune constitue la première tentative de la classe ouvrière de "se lever" »[16]. Anderson raconte l'histoire du Jeune Jules, un cordelier qui se rallie à la Commune et se voit fusiller pendant la Semaine Sanglante, aux côtés d'une « belle jeune fille de la classe ouvrière »[17]. 30 000 ouvriers parisiens furent mis à mort de cette manière, affirme l'auteur. Mais il rappelle à ses lecteurs : « filles et garçons, la classe dirigeante de la Grande-Bretagne fusillerait de la même façon si elle en trouvait une raison »[18]. Pourtant, Anderson semble pessimiste quant à la capacité de ses lecteurs prolétariens à suivre leurs homologues parisiens : « pour le meilleur ou pour le pire, les esclaves de la Grande-Bretagne sont trop dociles pour se révolter ; ils préfèrent l'opium de la promesse d'un "meilleur pays". Et comme les esclaves qu'ils sont, ils supporteront tout ». Mais malgré l'incurable soumission de ses compatriotes, Anderson termine sa parabole sur un ton révolutionnaire : « Crions ensemble, à la mémoire de nos Camarades de la Commune de Paris, qui sont morts pour la liberté humaine – tous ensemble – "Vive la Commune ! Vive la Commune !" »[19].

Les premières années d'après-guerre voient une nette dégradation des relations entre Londres et Paris, notamment sur l'attitude à adopter envers l'Allemagne et l'application du Traité de Versailles. Du point de vue communiste, les impérialismes britanniques et français d'après-guerre se disputent les ressources, en particulier le charbon et l'acier allemands, et cette concurrence féroce pourrait provoquer un nouveau conflit. En janvier 1921, *The Communist* vitupère un gouvernement français va-t-en-

[16] Tom Anderson, *An Episode of the Paris Commune. A Model Lesson for Proletarian Schools* (Glasgow: Proletarian Bookstall, 1922), p. 3.

[17] *Ibid.*, p. 9.

[18] *Ibid.*, p. 9.

[19] *Ibid.*, p. 10.

guerre : « Poincaré signifie LA GUERRE. Ce vil bonhomme n'a pas d'autre métier. Un menteur et un faussaire, il est pour chaque Français l'archétype de tous les patriotes en pantoufles, de tous les lâches assoiffés de sang qui ont poussé les hommes vers une mort certaine tout en sauvant leur peau loin du front »[20]. La cible principale de ces Français revanchards est la Ruhr, le bassin industriel de la Rhénanie, qu'ils vont occuper afin d'extraire, par la force, les réparations imposées à l'Allemagne en accord avec la Paix de Versailles. Selon les communistes, cette agressivité ne peut conduire qu'à l'exacerbation de la friction entre Paris et Londres. En août 1922, après la Conférence de Londres réunissant Poincaré et Lloyd George, J. T. Walton Newbold décrit « l'essor et le déclin de l'Entente cordiale » : « Voici les bandits impérialistes français et britanniques qui se séparent. Plutôt que de coopérer pour piller et dévorer les restes de l'Allemagne prédatrice, ils se toisent : leurs doigts nerveux caressant poignards d'un nouveau duel ». L'Entente cordiale (signée en 1904) avait conduit à la création de nouvelles banques, soutenant les intérêts coloniaux de ces deux pays. D'après les bolcheviks de Grande-Bretagne, le monument laissé par ce « partenariat de pirates » n'est plus qu'« un continent en convulsions et une civilisation dans les dernières étapes de la corruption et de l'effondrement »[21].

Quelques jours plus tard, *The Communist* décrit la stratégie impérialiste de la France, attachée au pillage des ressources allemandes : « D'abord, il faut détruire l'Allemagne et la déposséder de son fer et son charbon. Ensuite, la Grande-Bretagne, affaiblie dans la lutte, sera écrasée dans un deuxième conflit avec l'Empire déjà puissant et de plus en plus ambitieux

---

[20] *The Communist*, 21 janvier 1922, p. 4.

[21] *The Communist*, 26 août 1922, p. 3.

des États-Unis ». Poincaré, « instrument du Comité des Forges », vise à unifier dans un seul système productif les houillères du Nord, du Pas-de-Calais et de la Belgique[22]. En parallèle, comme le rappelle le journal communiste, au Proche-Orient, les gouvernements britanniques se disputent les restes de l'Empire ottoman : « la bourgeoisie creuse son propre tombeau, les Britanniques pour les Français et les Français pour les Britanniques. Qu'ils le creusent assez grand et profond pour contenir les deux ! »[23]. « Pourquoi la Ruhr ? », demande *The Communist*, question à laquelle le journal répond : « Pour des raisons militaires aussi bien qu'économiques, les politiciens français désirent contrôler tout le territoire occupé jusqu'au Rhin. La marche sur la Ruhr est la première étape vers une occupation permanente »[24].

Cette crise inter-impérialiste semble profiter aux communistes. Début 1923, *Labour Monthly* note avec satisfaction :

> Les événements récents ont fait renaître l'énergie militante du mouvement ouvrier militant en France après une longue période de confusion et de faiblesse. Le parti communiste, renforcé par les décisions du 4e Congrès de l'Internationale qui ont mené à l'expulsion d'éléments compromettants, résiste de manière forte et inflexible au militarisme de leur gouvernement dans la Ruhr, s'attirant ainsi une farouche répression[25].

Effectivement, les communistes britanniques n'hésitent pas à offrir une vision apocalyptique de ce qui est en jeu dans la Ruhr :

---

[22] *The Communist*, 2 septembre 1922, p. 7.

[23] *The Communist*, 9 septembre 1922, p. 3.

[24] *The Communist*, 3 février 1923, p. 1.

[25] *Labour Monthly*, juin 1923, p. 120-1.

> Une des possibilités serait que la France échoue et fasse faillite, conduisant à l'établissement de la suprématie britannique en Europe (ce qui risquerait de précipiter un conflit entre la Grande-Bretagne et les États-Unis). L'autre possibilité serait que la France réussisse, et que la Grande-Bretagne se voie obligée de choisir entre la capitulation finale et la guerre contre la France[26].

Une année plus tard, l'occupation militaire continue, et les communistes britanniques saluent la campagne d'opposition (bien solitaire) menée par le PCF :

> La propagande antimilitariste de nos camarades français est la propagande de classe. Son but est d'expliquer clairement aux soldats qu'ils sont tout simplement des ouvriers en uniforme. La bourgeoisie met des armes dans les mains des prolétaires afin de maintenir ses profits et ses propriétés à l'arrière tout en réalisant des projets de pillage impérialiste à l'étranger. Dans les deux cas, les soldats sont contraints de fusiller leurs propres camarades de classe[27].

En août 1924, *Workers Weekly* évoque « une fête monstre en plein air » dans les bois de Garches, à l'ouest de Paris, et brosse un tableau idyllique de l'amitié internationaliste : « vingt-trois enfants d'ouvriers allemands, venus en France grâce au Secours rouge international, jouaient heureusement avec des enfants d'ouvriers français – un moment touchant de "fraternité des peuples" ». La présence de soldats en uniforme démontre aussi les fruits portés par la propagande antimilitariste. Selon le *Workers Weekly*, la fête de Garches incarne « la fraternité de la lutte des classes, et non la fraternité des phrases larmoyantes du pacifisme

---

[26] *Ibid.*, p. 135.

[27] *Workers Weekly*, 25 juillet 1924, p. 3.

petit-bourgeois »[28]. Afin de renforcer ce message, le journaliste signale que le délégué du CPGB, John Ross Campbell, lui-même poursuivi pour activités antimilitaristes, vient d'être mis en garde à vue par les autorités françaises.

Si, d'après la propagande communiste, la Grande-Bretagne et la France semblent glisser inexorablement vers une guerre inter-impérialiste, les relations entre CPGB et PCF ne sont pas sans complications non plus. Certes, en avril 1922, à l'occasion de la Conférence du CPGB, le PCF envoie le message suivant :

> Les communistes français rendent hommage au courage démontré par les communistes britanniques dans leur lutte contre la répression gouvernementale et contre les embuscades tendues par les socialistes réformistes qui souhaitent toujours la disparition du mouvement communiste. Nous suivons avec intérêt et appréciation les efforts que vous faites pour organiser les masses révolutionnaires et établir une avant-garde solide du prolétariat. Regrettant le refus des autorités de nous livrer des passeports, nous vous adressons cette expression de notre grande sympathie pour les communistes britanniques et notre désir de resserrer les liens entre nos partis[29].

Mais les camarades des deux nations sont faiseurs de critiques aussi bien que de louanges. En novembre 1922, Tom Bell publie son rapport sur le IIe Congrès du PCF. Cette réunion, selon lui, marque « encore une étape importante dans la consolidation de toutes les forces de l'Internationale communiste ». Pourtant, le PCF apparaît « toujours dominé par les intellectuels et les

[28] *Workers Weekly*, 9 août 1924, p. 2.

[29] *The Communist*, 1er avril 1922, p. 4.

littérateurs. Il souffre d'un corps de journalistes francs-tireurs qui s'adonnent à des déclarations personnelles et déroutent les membres du parti et la classe ouvrière en général ». Bell passe ensuite en revue la liste des divisions révélées au grand jour pendant ce Congrès : un centre réunissant Cachin et Frossard ; une gauche menée par Souvarine, Vaillant-Couturier et Trient ; et une droite composée de « socialistes purs et simples ». Des heures et des heures « ont été perdues à des réitérations absurdes », explique Bell, avant, cependant, de conclure sur une note amusée et optimiste :

> Je devrais mentionner le bel hommage rendu à l'Internationale communiste par la police française. Elle a suivi de près toutes les séances et a fini par interpeller les délégués italiens et allemands et moi-même, mais seulement après nos messages au Congrès. [...] Il faut féliciter nos camarades français de leur invitation au Camarade Manouilski. Son discours de deux heures a été une critique géniale des communistes français et leur fera beaucoup de bien[30].

Les critiques émises par l'émissaire du Komintern semblent avoir eu les effets désirés. En 1924, *Labour Monthly* constate que, lors du 3e Congrès, « les rapports ont démontré que, suite à la purge [de Souvarine et d'autres opposants "trotskistes" au nouveau cours de "bolchevisation"], le Parti a renforcé considérablement sa position, à la fois en matière d'organisation interne et en ce qui concerne son influence parmi les ouvriers français »[31].

---

[30] *The Communist*, 4 novembre 1922, p. 6.

[31] *Labour Monthly*, mars 1924, p. 185.

Les communistes anglais ne sont pas les seuls à se faire donneurs de leçon. En effet, en 1924, le *Workers Weekly* publie un message du PCF qui reproche au CPGB sa « confiance » excessive dans le nouveau gouvernement, à dominante travailliste, dirigé par le Premier ministre Ramsay MacDonald. Le PCF s'explique : « Les mines n'ont pas été nationalisées. Le chômage a augmenté. Un salaire minimum n'est toujours pas une réalité. [...] La politique coloniale d'exploitation et d'oppression a été continuée et endurcie. [...] L'Irlande est toujours terrorisée par l'impérialisme britannique ». On attaque également le soutien de MacDonald au Plan Dawes sur les réparations allemandes, qui ouvre une porte de sortie à la crise de la Ruhr : « Le gouvernement travailliste s'est mis d'accord avec les impérialistes américains et français ainsi qu'avec les capitalistes allemands sur la rédaction et la mise en pratique du Plan Dawes. Ce Plan signifie l'asservissement et la paupérisation du prolétariat allemand ». La tâche immédiate des ouvriers britanniques serait de « forcer le Labour Party à rompre complètement avec les partis bourgeois. Vive l'unité fraternelle des travailleurs de France et de Grande-Bretagne ! »[32]

L'année 1924 voit également, en France, la victoire électorale du Cartel des Gauches, alliance de la SFIO et des radicaux (de son côté, le PCF fait moins de 10 %). Leurs rivaux communistes interprètent ces victoires éphémères mais significatives de façon contradictoire. En février, *Workers Weekly* annonce le succès remporté par une grève aux usines Citroën : « Cette belle victoire montre ce que peuvent faire tous les grades d'ouvriers dans une usine s'ils font front commun contre le patronat »[33]. En mai, le journal traite la victoire du Cartel des Gauches de « défaite pour

[32] *Workers Weekly*, 24 octobre 1924, p. 2.

[33] *Workers Weekly*, 15 février 1924, p. 3.

la politique fondamentale du capitalisme français, c'est-à-dire la création d'une unité puissante et homogène de production de charbon, de fer et d'acier en Europe ». Ce qui n'empêche pas l'hebdomadaire du CPGB de faire une critique cinglante des nouveaux gouvernements réformistes installés à Paris et Londres : « Les partis "de gauche" en France et en Angleterre ne sont que les outils de la finance anglo-américaine »[34].

Vers la fin de 1924, l'optimisme reste quand même de mise. *Workers Weekly* signale l'augmentation du nombre de cellules du PCF dans les usines et la « superbe manifestation » des bolcheviks français lors du transfert des cendres de Jean Jaurès au Panthéon[35]. Alors que le Cartel des Gauches se désagrège presque aussi rapidement que la coalition menée par MacDonald (battue aux élections de novembre 1924, grâce notamment à la diffusion d'une lettre faussée de Zinoviev, chef du Komintern, ordonnant au CPGB de mener des activités subversives), l'espoir de l'unité, à gauche, face au pouvoir conservateur, est ravivé dans les deux pays. En mars 1926, le *Sunday Worker* signale que le soutien de la SFIO à des candidats communistes lors des élections partielles pourrait résulter en un « triomphe »[36]. En outre, une situation révolutionnaire semble se développer en France, sur fond de difficultés économiques croissantes. Florence Parker évoque les chuchotements et les ouï-dire des ouvrières de Saint-Étienne sur la Place Jean Jaurès :

> De quoi chuchotaient, ces pauvres femmes exploitées et affamées, femmes et filles de paysans, jadis forts et paisibles ? Parlaient-elles du soleil glorieux qui brille sur la France ? De leurs vertus de femmes de foyer ? De la

---

[34] *Workers Weekly*, 16 mai 1924, p. 2.

[35] *Workers Weekly*, 12 décembre 1924, p. 3.

[36] *Sunday Worker*, 28 mars 1926, p. 3.

mousse du champagne – plus légère encore que le rire de la plus légère des cocottes ? Ou des soies séduisantes qui rendirent si célèbre ce coin du pays ? Pas du tout ! Leur conversation chuchotée à la voix tendue portait sur la baisse incessante des salaires, de la hausse incessante du prix du pain ; ou encore des besoins nutritifs de leurs corps à demi affamés. Voilà les femmes des travailleurs importés de la France, qui ont été exploités par les capitalistes et leur système ! La Belle France, dont les grands industriels sont occupés à extraire les dernières gouttes de sang de leurs esclaves. La France pimpante : qui exporte sa production vers tous les marchés imaginables du monde ! Nous ne pouvons plus le supporter. Le mot « révolution » est sur tant de lèvres à l'heure actuelle. « Tiens ! Elle va venir ! Elle est inévitable ! », dit un ouvrier à la voix rauque, traversant avec fracas les pavés de la ville dans ses bleus et ses sabots de bois... Elle doit venir[37].

Grève générale

Une fois n'est pas coutume, cependant, au milieu des années 1920, une menace tangible de révolution semble provenir des houillères de la Grande-Bretagne. Au cours du mois de mai 1926, *L'Humanité* suit de près la crise sociale qui s'aggrave outre-Manche. Les patrons britanniques essaient d'imposer aux mineurs des réductions de salaire assorties d'une précarisation de leurs conditions de travail. En outre, selon le quotidien, ces chefs d'industrie seraient en train de recruter des militants fascistes et autres agents provocateurs afin de pousser les grévistes à l'erreur

---

[37] *Sunday Worker*, 18 avril 1926, p. 7.

et légitimer une répression féroce. En d'autres termes, les ouvriers britanniques font face à un choix stratégique inévitable :

> Aujourd'hui comme hier, dans quinze jours comme aujourd'hui, il lui faudra fixer son choix : ou se rendre sans combat aux exigences patronales, c'est-à-dire consentir à accepter un nouveau vendredi noir[38] avec les conséquences terribles qu'impliquerait cette acceptation : diminution des salaires, augmentation des heures de travail, dispersion des efforts ouvriers, ou bien engager la bataille et dresser le front ouvrier contre la coalition conservatrice, patronale, fasciste ! [...] Ce qui serait grave, c'est qu'à la faveur d'un tel répit de quinze jours, les chefs de la droite labouriste, dont il faut stigmatiser encore et encore l'étrange attitude, aident le patronat à enfoncer son coin dans le front unique en voie de réalisation de l'autre côté de la Manche. [...] Jamais, on peut dire l'heure n'a été aussi grave pour les exploités de la Grande-Bretagne[39].

En conséquence, Paul Vaillant-Couturier salue l'appel du TUC à une grève générale en solidarité avec les mineurs, à laquelle s'apprêtent à participer près de deux millions de syndicalistes :

> Il n'est pas un prolétaire français à qui échappe la gravité des heures historiques que vivent nos camarades de Grande-Bretagne. Une population de mineurs réduite depuis les années de victoire à une situation misérable, et à qui l'on demande encore une réduction de salaire et l'augmentation des heures de travail dans l'intérêt du

---

[38] Référence au « Black Friday » du 15 avril 1921, quand les dirigeants des cheminots refusèrent de faire grève en solidarité avec les mineurs.

[39] *L'Humanité*, 3 mai 1926.

> patronat minier ; un prolétariat qui compte une moyenne d'un million de chômeurs ; un pays où le socialisme a déjà grignoté plus qu'à demi le libéralisme ; un trade-unionisme où l'esprit révolutionnaire s'est infiltré patiemment et sûrement ; quatre millions de travailleurs prêts, pour soutenir leurs camarades mineurs, à paralyser, sur un ordre de grève générale, la tête de l'énorme puissance britannique.

Cette crise constituerait un choc de simplification, dissipant les illusions réformistes et consensuelles :

> En face, l'État anglais ; derrière lui, l'Empire, la finance anglaise, la flotte anglaise, le fascisme anglais. De part et d'autre, l'abjuration des vieilles croyances traditionnelles en l'hypocrite liberté. C'en est fini de l'image de piété bourgeoise d'une Angleterre rassurante et sage... Des antagonismes déchaînés, plus forts que la Constitution. Un Parlement, théoriquement tout puissant, réduit à la figuration. L'effondrement de tout ce système puérilement désuet qui s'était survécu avec le sac de laine du « speaker » et la perruque du lord-mayor.

Des menaces très réelles pèsent sur les ouvriers britanniques : les troupes viennent de recevoir assez de munitions pour trois jours de combat ; les policiers de réserve sont mobilisés et des volontaires fascistes ont été recrutés. « Une atmosphère d'heure H » pèse sur la Grande-Bretagne, écrit Vaillant-Couturier, avant de conclure : « Que le prolétariat français se tienne prêt à soutenir de toutes ses forces le prolétariat anglais dans la lutte grandiose qui s'engage »[40].

---

[40] *L'Humanité*, 4 mai 1926.

Le 5 mai, *L'Humanité* déclare que la « Bataille est générale » et annonce « le mot d'ordre des ouvriers français », transmis par la Fédération unitaire du sous-sol de la CGTU : « pas un kilo de charbon à destination de l'Angleterre ». Le correspondant du journal à Londres, Gabriel Péri, informe ses lecteurs que la première mesure prise par ce pouvoir « au-dessus des classes » est l'arrestation de Shapurji Saklatvala, le seul député communiste à la Chambre des communes, et il relie cette mesure répressive à d'autres luttes et répressions ailleurs dans le plus grand Empire du monde :

> Il y a un an, en Palestine, les Arabes, las de la servitude, insultaient Lord Balfour, le délégué de l'Empire, autrefois respecté à l'égal du *Civis Romanae*. Avant-hier, la foule ouvrière de Londres faisait fuir sous les huées Winston Churchill, le chancelier de l'échiquier. Aux deux extrémités de l'Empire, le souffle de la révolte ! Oui, ce sont les deux piliers du British Empire, de cette force apparemment invincible, qui chancellent présentement[41].

Le comité central du PCF appelle à un « Front unique pour l'aide au prolétariat anglais », et, après les premiers affrontements entre grévistes et autorités, Péri décrit une « Angleterre paralysée ! » :

> Avant-hier soir, le sang a coulé sur le pavé de Londres ! Dans le quartier ouvrier de Poplar, à Leeds, à Silver Town, des bagarres ont éclaté entre la foule ouvrière, les politiciens, les « volontaires ». Coups de gourdins, arrosage de pétrole, charges ! Cela se passe dans cette Angleterre, pacifique, traditionnelle, démocratique, légalitaire, constitutionnelle, que Bernard Shaw disait naguère

[41] *L'Humanité*, 5 mai 1926.

immunisée contre « le virus marxiste et léniniste ». Il est bien possible après tout que les ouvriers de Silver Town, de Leeds et de Poplar n'aient jamais de leur vie ouvert un livre de Marx ou de Vladimir Ilitch. Mais un jour, à l'ultimatum du patronat de la mine, ces ouvriers ont répondu par un *no possum* qui exprimait la volonté de résistance.

Les dirigeants travaillistes MacDonald et J. H. Thomas n'avaient offert à ces ouvriers que « déclarations ondoyantes, et proclamations timides » qui ne cachent en rien la réalité brute de la guerre de classe contre classe : « Cet ouvrier-là avait déposé ses outils pour défendre sa bouchée de pain, et voilà qu'en dressant contre lui tout leur appareil d'oppression, ses maîtres lui enseignaient – à coups de gourdins ! – qu'il n'est plus question seulement de salaire ! Ils lui enseignent que seule la réalisation du socialisme mettra fin à leur esclavage »[42]. Il faudrait construire des États-Unis d'Europe socialistes, insiste Péri, avant de faire cette remarque acerbe :

> On peut adresser bien des reproches au cabinet conservateur d'Angleterre : pas celui de manquer de sens de classe. Les hommes qui, fin 1924, accédèrent au pouvoir de l'autre côté de la Manche, en forgeant un faux grossier [la lettre dite de Zinoviev], sont des gouvernants de combat. Le gouvernement Baldwin manie le browning ! MacDonald et J. H. Thomas prétendent lui apprendre les principes de la boxe anglaise ![43]

La solidarité communiste franco-britannique s'accélère. La CGTU lance une souscription nationale de soutien aux grévistes.

---

[42] *L'Humanité*, 6 mai 1926.
[43] *L'Humanité*, 7 mai 1926.

On crée également un comité pour organiser « l'exode des enfants et les secours en nature pour les familles de grévistes ». Péri décrit un meeting enthousiaste en plein cœur de Londres :

> Lundi, quand la cloche de Westminster sonna les douze coups de minuit, la foule ouvrière qui devant le Memorial Hall, attendait fiévreuse, impatiente, entonne l'hymne du *Drapeau rouge* ! Ce que saluaient les ouvriers de Londres ce n'était pas seulement l'aurore d'une lutte décisive de la politique britannique. C'était l'aurore d'une grande bataille internationale.

En même temps, le correspondant signale des actes d'entraide par les patronats britanniques, belges, tchécoslovaques et allemands. Dans cette guerre de classes de plus en plus âpre, il est donc urgent de mettre fin au « scandale de la parution à Paris du *Daily Mail* », quotidien notoirement réactionnaire[44].

Le *Sunday Worker* note avec satisfaction l'impact de la Grève générale sur les communistes français. Les ouvriers du livre refusent de tirer plus de 40 000 exemplaires de l'édition parisienne du *Daily Mail*. En fait, il semble que les Français regardent désormais vers les masses britanniques. Une « personnalité éminente du PCF » déclare à l'hebdomadaire :

> C'est de loin l'événement le plus important depuis la Révolution russe. Il s'agit d'une bataille pour le pouvoir économique et politique entre les ouvriers et la bourgeoisie. Du résultat de cette bataille dépendra non seulement le bien-être de l'ouvrier britannique pour les prochaines cinquante années, mais l'existence même du mouvement mondial pour l'émancipation des esclaves salariés.

---

[44] *L'Humanité*, 8 mai 1926.

D'après le communiste français interviewé, il s'agit d'une crise inédite entre « le parlementarisme mou » et « le travail organisé ». Le journaliste britannique conclut :

> Le capitalisme français ne s'intéresse pas moins au résultat. Il sait très bien que le capitalisme britannique mène le combat du capitalisme mondial. Et la conséquence logique est que, avec tous les moyens possibles, la France bourgeoise et capitaliste encouragera et soutiendra activement ceux qui, en Grande-Bretagne, essaient de mater les Ouvriers[45].

Le 9 mai, *L'Humanité* annonce que « l'Angleterre » serait, à l'heure présente, sans feu ni lumière. Le 10 mai 1926, le journal signale que des voitures blindées patrouillent les rues de Londres pendant que les grévistes tiennent des meetings enthousiastes. Mais, dans son éditorial, Vaillant-Couturier déplore la décision de la direction du TUC de rejeter l'aide matérielle offerte par les ouvriers soviétiques :

> Ce refus, ce n'est pas dans un esprit d'hostilité que les travailleurs l'ont transmis à Moscou. Pour le comprendre et le juger, il faut se placer dans l'atmosphère de la bataille qui se livre. C'est tout cela qu'entraîne le Trade Unionisme, par une prudence excessive, à refuser une arme dont il sait bien qu'on tâche, par une campagne ignoble, de la retourner contre lui[46].

Pendant que le gouvernement britannique « organise la guerre civile », les ouvriers français ripostent en créant un Comité de Vigilance des Marins. Cet acte de solidarité semble avoir des résultats immédiats. Le 12 mai 1926, l'organe du PCF annonce :

---

[45] *Sunday Worker*, 16 mai 1926, p. 5.

[46] *L'Humanité*, 10 mai 1926.

« À Bordeaux, les navires sont désarmés. Deux cent cinquante wagons de légumes en souffrance à Boulogne »[47]. En outre, le Comité intersyndical parisien du livre a débrayé au *Daily Mail.*

Mais ce numéro de *L'Humanité* sort après la « nuit tragique » du 11 mai, qui voit le TUC, menacé de poursuites judiciaires, prendre la mesure d'un rapport de forces très inégal, et décider de mettre fin à la Grève générale. Vaillant-Couturier plaint le manque de leadership responsable, selon lui, de l'abandon que représente cette « trêve anglaise » :

> La vieille Angleterre capitaliste, lente, puissante et traditionnelle, a reçu un coup en pleine poitrine. Elle chancelle. Sans doute la solution donnée au confort est-elle une victoire pour le prolétariat de Grande-Bretagne. Elle est surtout un enseignement dans sa marche en avant puisque cette victoire ne tranche rien, en fait. C'est bien ainsi. Quand il entre dans un conflit de cette envergure, le prolétariat doit avoir des chefs de guerre plutôt que des diplomates de cœur. Une grève générale qui se prolonge sans prendre le pouvoir, sous la conduite de chefs timorés, est une déperdition de force. La classe ouvrière s'en relève anémiée, dégoûtée parfois, divisée toujours. Les vieilles traditions, les illusions du prolétariat anglais ne lui permettaient pas encore cette fois-ci de forcer la main à ses chefs.

Néanmoins, il s'agit seulement d'une « trêve ». On pourrait tirer des leçons révolutionnaires de cette défaite historique :

> Il reste qu'après cette expérience d'une semaine de grève, bien des yeux se sont ouverts sur les nécessités révolutionnaires. L'insolence des fascistes, les arrestations

---

[47] *L'Humanité*, 12 mai 1926.

> en masse, les coups de la police spéciale, les patrouilles d'automitrailleuses se sont chargées de montrer aux prolétaires anglais ce que signifiait la démocratie bourgeoise. La bataille n'est pas terminée. Le regroupement des forces commence. Le parti communiste et les minoritaires ont montré dans la lutte un esprit de classe qui les place à l'avant-garde du prolétariat. Une page de l'histoire du mouvement ouvrier est tournée[48].

Pour Péri, « la bataille anglaise n'a pas cessé » : « Désormais des milliers d'ouvriers britanniques échappent à l'influence débilitante du réformisme, se tournent résolument vers les méthodes de lutte directe que préconisent le mouvement minoritaire et le parti communiste »[49]. Malgré « la trahison des chefs de droite », le PCF envoie un télégramme combatif au CPGB, félicitant « son parti frère anglais qui a mené le combat à l'avant-garde des milliers de travailleurs, et lui exprime sa confiance pour rassembler autour de lui toutes les forces ouvrières pour la bataille décisive contre la bourgeoisie »[50]. De la part de la CGTU, Pierre Semard dénonce « la capitulation des chefs aux côtés des travaillistes anglais » : « les travailleurs anglais ont vu les mitrailleuses aux grilles de Hyde Park, les autos blindées, les bataillons aux fusils chargés autour de Poplar. En face d'un tel appareil d'oppression, les ouvriers anglais ont compris que les bras croisés ne suffisaient plus »[51]. *L'Humanité* rassure ses lecteurs que malgré la trahison des dirigeants travaillistes, « le prolétariat anglais saura prendre sa revanche »[52].

---

[48] *L'Humanité*, 13 mai 1926.

[49] *L'Humanité*, 14 mai 1926.

[50] *L'Humanité*, 15 mai 1926.

[51] *L'Humanité*, 16 mai 1926.

[52] *L'Humanité*, 23 mai 1926.

Le *Sunday Worker* signale que le monde ouvrier français est « ahuri » par la trahison des mineurs : « Thomas et MacDonald, m'a dit un député communiste, sont les saboteurs du mouvement ouvrier non seulement en Grande-Bretagne mais dans le monde entier »[53]. Le journal, cependant, continue d'annoncer des actes français de solidarité avec les mineurs, qui perpétuent une lutte de plus en plus désespérée. En juin 1926, une grève éclair à Boulogne arrête l'exportation de charbon vers l'Angleterre. Le mois d'août voit un meeting au Cirque de Paris où 10 000 écoutent un discours de Robin Page Arnot, pendant qu'une grève de 24 heures est lancée dans toutes les houillères de France. Au mois d'octobre, pourtant cinq mois après la « trêve », la CGTU donne encore 250 000 francs à la caisse des mineurs britanniques, tandis que 100 000 ouvriers débraient pour 24 heures et que les comités de vigilance à Boulogne, Dunkerque, Calais et Dieppe refusent de charger le charbon. Le journal cite un camarade prénommé Herchet : « Même en Algérie, nos membres de couleur ont refusé net de travailler sur les bateaux britanniques »[54].

L'échec de la grève générale de mai 1926 aura des retombées décisives pour le mouvement ouvrier britannique. Certes, les conséquences de l'événement permettent au CPGB d'attirer de nouvelles recrues, surtout parmi les jeunes mineurs, et la « trahison » des dirigeants du TUC et du Labour Party entame une longue tradition d'hostilité à l'égard des « vieux » réformistes. Mais cette « trahison » démontre que la vaste majorité du mouvement ouvrier se détourne de « l'action directe » et s'engage dans une voie réformiste et parlementaire vers le socialisme, qui portera ses premiers fruits avec la victoire du Labour aux élections

53 *Sunday Worker*, 23 mai 1926, p. 5.

54 *Sunday Worker*, 31 octobre 1926, p. 2.

de 1929. L'écart entre CPGB et Labour, comme entre PCF et SFIO, se creusera davantage avec l'adoption par le Komintern, en 1928, d'une politique de « classe contre classe » par laquelle les révolutionnaires s'emploieront à « démasquer » les « sociaux-fascistes » réformistes.

En septembre 1926, alors que la grève des mineurs britanniques tire à sa fin, l'ambassade de France à Londres informe le Quai d'Orsay :

> Aux patrons, tout le monde reproche leur intransigeance et les ouvriers inspiraient jusqu'à ces temps derniers une pitié qui les aidait à recueillir des subsides, même dans les milieux conservateurs. Mais on ne les croit plus dignes de pitié ; on sait qu'ils ne sont pas dans la misère et les subsides diminuent. Les Anglais ont aussi l'impression que les patrons sont victorieux et les mineurs battus ; que si les patrons n'abusent pas de leur victoire, les Anglais les approuveront d'avoir défendu leurs droits[55].

Simultanément, le CPGB aime croire encore à la possibilité d'un bouleversement révolutionnaire chez leurs voisins français, en proie au chômage. Le gouvernement français, d'après les communistes anglais, serait en train d'imposer « un plan esclavagiste pour les ouvriers » que le dirigeant socialiste Léon Blum ne saurait endiguer[56]. Paris, annonce le *Sunday Worker*, « est comme une gigantesque poudrière dont la mèche est déjà allumée. Tout pourrait arriver »[57]. En octobre, son correspondant signale « de graves pénuries de nourritures » :

---

[55] QO : 92CPCOM/33.
[56] *Sunday Worker*, 11 juillet 1926.
[57] *Sunday Worker*, 25 juillet 1926.

> Je viens de traverser toute la France, et dans toutes les régions, sauf les plus pastorales, les gens attendant l'hiver avec peur et appréhension. À l'étranger, on a l'impression générale que ce sont les ouvriers parisiens qui sont « rouges », et que les provinces ne soutiendraient jamais une révolution. Mais cela m'a étonné de découvrir que le paysan devient rapidement « plus rouge » que l'ouvrier industriel des villes[58].

Comme en Grande-Bretagne, cependant, la « poudrière » n'arrive pas à exploser. Vers la fin de cette année charnière, *Labour Monthly* réfléchit sur le 5e Congrès du PCF : « En général, le Parti a sous-estimé la force du parti socialiste, qui garde encore des soutiens parmi les ouvriers »[59].

Certaines tensions entre les « partis frères » britanniques et français semblent aussi se jouer sur un plan interpersonnel. Le 20 septembre 1926, Allen Hutt écrit à Gabriel Péri pour se plaindre de son traitement comme correspondant londonien par intérim de *L'Humanité* :

> 1) Je me suis arrangé avec notre ami David pour faire le service de Londres pendant les vacances ; le service par la poste et par télégraphe pour les choses de première importance.
> 2) Vous avez publié une pièce seulement entre cinq que je vous ai envoyées.
> 3) Je vis par *L'Humanité* d'aujourd'hui et d'hier que vous vous êtes évidemment arrangé avec quelqu'un pour faire le service de Londres ou par téléphone ou par télégraphe.

---

[58] *Sunday Worker*, 10 octobre 1926, p. 2.
[59] *Labour Monthly*, septembre 1926, p. 571.

4) Vous ne m'avez pas même montré la politesse de me prévenir du nouvel arrangement. Donc, les deux jours passés, j'ai travaillé absolument pour rien.
5) Je vous rappelle qu'autrefois *L'Humanité* m'a traité dans [*sic*] la même façon, quand je remplaçais David.
6) Avec la présente lettre, je cesse mon travail pour vous, et jamais de plus travaillerai-je pour un journal qui, quoique communiste, traite un collaborateur communiste (déjà suroccupé [*sic*] d'autres travaux) dans [*sic*] une façon nettement honteuse. Il faut comprendre que nous ici, dans notre petit Parti, nous devons accomplir chacun un travail beaucoup plus accablant que celui auquel on est accoutumé à Paris. Nous n'avons pas le [*sic*] temps à perdre en faisant des services pour des camarades d'un parti frère qui n'ont pas besoin desdits services[60].

Nous voyons dans cette lettre comment une dispute sur la reconnaissance et la rémunération se trouve surdéterminée par un sens d'infériorité par rapport à un parti-frère beaucoup plus puissant.

Paris, plaque tournante de la subversion

Les échanges franco-britanniques ne sont pas la seule motivation des fréquentes visites parisiennes entreprises par les communistes et compagnons de route britanniques. La capitale française est également une plaque tournante des activités subversives de la nouvelle Internationale communiste. Ce qui attire tout naturellement l'attention de l'*intelligence service* britannique. Par exemple, le 29 avril 1930, les services secrets

[60] Archives du CPGB, Labour History Archive and Study Centre, Manchester (CPGB) : CP/IND/HUTT/1/3.

produisent ce rapport sur George Slocombe, lequel ne serait pas seulement un journaliste francophile et communisant :

> En 1921, il était employé comme correspondant du *Daily Herald* à Paris et, de source sûre, faisait passer de la littérature bolchevique vers ce pays. Au cours des années 1922 et 1923, ses activités à Paris n'ont cessé d'attirer notre attention. [...] Pendant toute cette période, Slocombe se trouvait au centre d'intrigue communiste et indienne à Paris. Mais ce ne fut qu'en mai 1925 que certaines enquêtes faites à Londres ont pu révéler le fait que Slocombe était un important agent d'espionnage pour le gouvernement soviétique.

Slocombe envoyait à ses contacts des paquets remplis de correspondances diplomatiques et de rapports sur la situation politique et financière en France, aussi bien que des communications avec le communiste indien M. N. Roy[61].

Des activités kominterniennes similaires déclenchent la mise sous surveillance de Clemens Palme Dutt, frère de Rajani, membre fondateur du CPGB, très impliqué dans son Colonial Bureau ainsi que dans la League Against Imperialism. Dutt se déplace régulièrement entre Moscou, Berlin, Bruxelles et Paris. En 1927, les services secrets britanniques signalent :

> Clemens Palme Dutt a visité Paris du 3 au 6 mars. Probablement à cause de l'absence de Roy, Dutt se charge maintenant de *Masses of India*, ce qui l'oblige à visiter Paris au moins une fois par mois. À Paris, il lit toute la correspondance entre l'Inde et Moscou, corrige les

[61] National Archives, Kew (Kew) : KV2/485.

épreuves de *Masses* et rédige ses rapports pour le Komintern[62].

Lors de ces visites fréquentes à Paris, il semble que Dutt apporte également de l'argent pour financer le mouvement indépendantiste indien.

Cette préoccupation des autorités britanniques concernant l'agitation anti-impérialiste et antiraciste amène les services de renseignement à traquer les activités *pro-Negro* de Nancy Cunard, mondaine pro-communiste et ex-amante de Louis Aragon. Le 17 février 1932, un détective de la Metropolitan Police de Londres rédige un rapport sur une « réunion extrémiste à laquelle doit assister une femme d'origine française nommée "Nancy" ». Attablé au Cross Keys Hotel, il observe : « un nègre est entré dans le bar et a demandé au patron si une réunion allait être tenue. En recevant une réponse négative, il a été rejoint plus tard par deux autres nègres et une femme blanche vêtue dans un style français et qui parlait avec un accent français ». Quand le détective aborde Cunard, elle lui réplique qu'elle « avait l'habitude d'être interrogée par la police française mais ne s'attendait pas à cela en Angleterre ». De mauvaise grâce, la Parisienne indique que son adresse est celle des Hours Press (la maison d'édition où elle publie Samuel Beckett et Ezra Pound, entre autres). Le détective fait la description suivante de cette garçonne subversive : « âgée de 36 ans. Cheveux blonds. Yeux bleus. Sourcils épilés. Visage et lèvres maigres. Taille mince. Teint artificiel. Vêtue d'un manteau de cuir rouge, avec chapeau assorti. Robe de laine gris foncé. Bas de soie couleur chair. Chaussures en peau de lézard ». Cunard déclare au détective qu'« elle ne comprenait pas pourquoi on l'interrogeait, et qu'elle

62 Kew : KV2/2504.

porterait plainte aux autorités ». Le 4 mai 1932, cependant, la police londonienne reçoit de nouveaux renseignements :

> Depuis dix ans, elle réside à Paris. C'est un membre bien connu de la communauté anglaise là-bas, et on la considère comme faisant partie de l'« intelligentsia ». On la mentionne souvent dans les échos mondains de divers journaux. [...] Elle est activement en liaison avec diverses organisations anticapitalistes, notamment la League Against Imperialism, et la Negroes' Welfare Association. [...] De source sûre, elle habite à Paris avec un nègre américain du nom de Henry Crowder.

À Paris, elle serait également en contact étroit avec George Padmore, syndicaliste noir américain et dirigeant du Profintern.

En rien démontée, cette « extrémiste bien connue » est bientôt de retour en Grande-Bretagne. Le 5 juillet 1933, le *Daily Express*, autre quotidien réactionnaire, publie un reportage sensationnaliste sur « la soirée exotique de Miss Nancy Cunard en soutien aux "nègres martyrisés" », dont les « danses et baignades » sont traitées comme un risque pour les bonnes mœurs. En mai 1935, Cunard organise des réunions réservées aux noirs et des « danses interraciales » afin de collecter des fonds pour les « Scottsboro Boys » (un groupe d'hommes noirs faussement accusés d'avoir violé une femme blanche) et la Negro Welfare Association. Toujours fidèle à ses principes, en décembre 1945, Cunard est reconnue à son arrivée en provenance de Dieppe par un détective anglais qui note : « cette femme nous est bien connue comme défenseur des gens de couleur américains à Haarlem »[63].

---

[63] Kew : MEPO 38/9.

Deux partis ghettoïsés

Au début des années 30, le PCF et le CPGB sont parvenus à consolider leurs lignes stratégiques à des degrés de succès divers. Les deux partis ont été bolchevisés, stalinisés, prolétarisés et rajeunis, promouvant une nouvelle génération de dirigeants incarnée par les deux secrétaires généraux, Maurice Thorez et Harry Pollitt. Toutefois, malgré leur respect des consignes stratégiques en provenance de Moscou, les deux partis restent toujours minoritaires au sein des gauches françaises et anglaises. Les réformistes « sociaux-fascistes » de la SFIO et du Labour ont résisté à la propagande de *L'Humanité* et du *Sunday Worker* tandis que les prophéties de conflagration inter-impérialiste ne se sont pas réalisées. Non plus, par ailleurs, le krach de Wall Street semble-t-il déclencher une révolution communiste. Au contraire, le sectarisme de la stratégie de « classe contre classe » a ouvert, en Allemagne, la voie au triomphe d'Adolf Hitler. En 1931, en Grande-Bretagne, le deuxième gouvernement travailliste de Ramsay MacDonald se déchire, menant à la création d'un National Government, dont le CPGB, isolé dans l'opposition, ne parvient pas à tirer avantage. Les deux partis paraissent exsangues, enfermés dans des ghettos électoraux, lesquels sont encore plus ténus en Grande-Bretagne qu'en France. En 1933, le PCF n'a plus que 29 000 adhérents et dix députés, le CPGB 5 500 et se trouve dépourvu de représentation, même si l'ambassade de France remarque que « ce mouvement est dirigé par des hommes intelligents, qu'il observe une exacte discipline et qu'en outre il développe des programmes d'une parfaite clarté »[64].

En 1932, Paul Morand, écrivain-diplomate anglophile, observe ainsi les Marcheurs de la Faim qui ont fait un voyage long

[64] QO : 92CPCOM/268.

et pénible depuis l'Écosse jusqu'à Londres pour protester contre le sort des millions de victimes de la Grande Dépression :

> Ce millier d'hommes déficients, sous-alimentés, pleins de colère et de misère, chantaient mollement une *Internationale* si ralentie qu'elle était devenue un hymne religieux [...] Ces pauvres diables qui s'engouffraient dans la Northumberland Avenue croyaient avoir la direction des opérations, mais en réalité, manœuvrés par la police, épaves sans puissance ni discipline, ils n'arrivèrent pas même jusqu'au Parlement [...] Sir Trevor Bigham, chef de Scotland Yard, me parlait de cette manifestation avec une dédaigneuse indulgence : « Les Marcheurs de la faim ? Douze cents ouvriers... quelques éléments sans importance... Le communisme est plus grave et plus profond en France... Ce matin, ces pauvres diables s'en sont retournés chez eux, tout penauds, bien heureux de profiter des billets gratuits offerts par les compagnies de chemins de fer... »[65]

Selon Morand, l'Angleterre apparaît guidée par deux forces obscures, puissantes, et foncièrement contre-révolutionnaires : « l'instinct de la conservation et le sens du moindre effort »[66]. Dans son autobiographie, Eric Hobsbawm se souvient que « la Grande-Bretagne de 1933 demeurait une île autosuffisante où la vie était dirigée par des règles, des rituels et des traditions inventées »[67]. Mais bientôt après, ce jeune historien converti au communisme connaîtra l'élan du Front populaire des deux côtés de la Manche.

---

[65] Paul Morand, *Londres 1933* (Paris : Plon, 1990), p. 12.
[66] *Ibid.*, p. 54.
[67] Éric Hobsbawm, *Franc-tireur. Autobiographie* (Paris : Ramsay, 2006), p. 111.

CHAPITRE 2

Fronts populaires, 1934-1939

Comparé au cas français, la montée du fascisme est lente à détourner les communistes britanniques de leur sectarisme. Malgré la création de la British Union of Fascists sous la direction charismatique d'Oswald Mosley, la Grande-Bretagne ne connaît pas d'électrochoc comparable aux batailles de rue parisiennes du 6 février 1934. Toutefois, à partir du milieu des années 30, le CPGB adopte avec enthousiasme la nouvelle ligne de « front populaire ». En juillet 1935, mois du septième et dernier congrès du Komintern, *Labour Monthly* se réjouit de l'union entre les communistes, socialistes et radicaux français, laquelle fait écho au désir des communistes britanniques d'être affiliés au Labour Party : « le mouvement vers l'Unité a déjà progressé rapidement et donne l'espoir aux partisans de cette magnifique possibilité : le Parti Unique du Prolétariat »[1]. Dans le même esprit, les communistes britanniques accueillent favorablement la réunification de la CGT. En novembre 1935, William Zak parle d'« un pas décisif vers l'unité syndicale mondiale », célébrant l'exemple français qui, d'après lui, a prouvé que seul l'effort de la base peut permettre l'unité syndicale. De même, d'après Zak, la base des syndicats britanniques est la seule

[1] *Labour Monthly*, juillet 1935, p. 444.

force qui puisse pousser les représentants du TUC à Amsterdam à militer pour l'unité syndicale à l'échelle internationale[2].

Au nom de l'unité, le CPGB ne présente que deux candidats aux élections générales de 1935. Gabriel Péri, dans *L'Humanité*, constate les progrès unitaires au sein de la gauche britannique. Il écrit :

> Si ces résultats se confirment, les travaillistes auront plus que triplé leurs sièges. Cette victoire est d'une autre qualité que celles de 1924 et de 1929. Elle est l'œuvre de l'ensemble de la masse ouvrière. Les communistes y ont participé avec ardeur et enthousiasme. Le succès couronne l'effort d'un prolétariat uni[3].

L'élection de Willie Gallacher dans le bassin minier de West Fife, en Écosse, le premier communiste aux Communes depuis 1929, se fait parce que « entre les travailleurs du Labour Party et les militants communistes une union de fait s'est réalisée dans l'action. Le parti communiste britannique a été l'artisan du commencement de revanche des travaillistes ». Ceci contraste avec la défaite de Harry Pollitt dans la vallée « rouge » du Rhondda, bassin minier du sud du Pays de Galles. Selon un télégramme envoyé à Dimitrov, intercepté par les services secrets britanniques, Pollitt avait prié le chef du Komintern d'insister auprès de Marcel Cachin et de Maurice Thorez qu'ils fassent campagne avec lui[4]. Mais Péri explique autrement l'échec du secrétaire général du CPGB : « son concurrent travailliste ne l'emporte qu'en groupant sur son nom tous les adversaires des “rouges” jusqu'aux pires réactionnaires et aux agents les plus déterminés du patronat minier. Dans une élection normale,

---

[2] *Labour Monthly*, novembre 1935, p. 694.

[3] *L'Humanité*, 15 novembre 1935.

[4] Kew : KV2/2168.

Pollitt eût été certainement élu ». Néanmoins, les résultats de ces élections générales permettent « de très grands espoirs pour les combats à venir. Il peut, il doit être le premier acte de réalisation de l'unité d'action du prolétariat britannique »[5].

La mort d'Henri Barbusse, en août 1935, fournit l'occasion de déclarations communes, des deux côtés de la Manche, en faveur de l'unité contre le fascisme et la guerre. L'écrivain Ralph Fox (qui perdra la vie durant la Guerre d'Espagne) adresse un discours à une manifestation de communistes londoniens tenue à la veille d'une réunion de la Société des Nations. Fox déclare :

> Camarades, ce n'est pas par hasard que le grand homme dont nous saluons la mémoire a disparu au moment où les canons s'apprêtent à tirer les premiers coups dans une nouvelle guerre mondiale. Ce n'est pas par hasard, parce que, au cours de l'année passée, Henri Barbusse s'est épuisé par ses efforts pour l'empêcher. Il a tout risqué, y compris sa santé fragile, pour rassembler les ouvriers de France, pour éveiller la conscience de son pays contre les fauteurs de guerre, les ennemis fascistes du peuple[6].

Fox n'hésite pas à critiquer l'attitude « tiède » du Labour envers l'unité :

> Lors de la grande manifestation du 14 juillet à Paris cette année, c'est Barbusse qui marchait sous le drapeau rouge à la tête des énormes cortèges du Front populaire. Ce soir à Paris, dans les plus grandes salles de la ville, ont lieu des meetings de protestation contre la guerre menacée en Abyssinie. À ces meetings participeront les représentants des radicaux, des socialistes et des communistes, des

[5] *L'Humanité*, 16 novembre 1935.

[6] *Left Review*, octobre 1935, p. 3.

syndicats réformistes et révolutionnaires, des intellectuels français, des partis socialiste et communiste italiens, du parti communiste britannique. On écoutera aussi le seul pacifiste à recevoir le Prix Nobel de la Paix, Sir Norman Angell. Mais un parti sera absent, le Labour Party britannique[7].

Effectivement, les victoires électorales des fronts populaires en Espagne puis en France amènent Rajani Palme Dutt à écrire dans *Labour Monthly* : « En Grande-Bretagne, sous la direction du parti travailliste, qui a dénoncé l'unité et s'est opposée à la lutte des classes tout en applaudissant la politique étrangère du Gouvernement national, et en apportant son aide à Hitler [...] a conduit à la défaite de la gauche »[8]. « La clef du progrès », selon l'idéologue en chef du CPGB, résiderait désormais dans « le développement et la transformation du Labour en véritable parti de coalition de toutes les forces de la classe ouvrière, ainsi que dans l'abandon des règlements discriminatoires et dans l'acceptation de l'affiliation du parti communiste »[9].

Cette désunion de la gauche britannique contraste avec l'euphorie outre-Manche. Eric Hobsbawm évoque ainsi le premier Quatorze Juillet après la victoire du Front populaire :

> Pendant une brève période, la France ne fut pas seulement un refuge pour la civilisation, mais aussi le lieu de l'espoir. [...] Dans la foulée, ce fut une explosion spontanée et inouïe de joie et d'espoir dans la classe ouvrière. [...] Pour les jeunes révolutionnaires de ma génération, les manifestations étaient l'équivalent des messes papales pour les dévots catholiques. Mais, en 1936, l'anniversaire de la

---

[7] *Ibid.*, p. 5-6.

[8] *Labour Monthly*, juin 1936, p. 329.

[9] *Ibid.*, p. 337.

prise de la Bastille représentait bien plus que la principale manifestation de masse de la gauche française. [...] Tout le Paris populaire était dans la rue. Il défilait, déambulait, piétinait, serpentait – ou alors il regardait passer les manifestants et les acclamait, comme des familles félicitant les nouveaux mariés après la cérémonie. [...] Ce fut un des rares jours de ma vie où mon esprit était totalement jugulé. J'étais ce que je ressentais et vivais. Cette nuit-là, du haut de la butte Montmartre, nous avons regardé les feux d'artifice à travers la ville ; et après je suis lentement rentré à pied, comme si je flottais sur un nuage, m'arrêtant pour boire et danser dans d'innombrables bals de quartier. Je suis arrivé chez moi à l'aube[10].

Au cours de 1936, le CPGB tente de faire connaître aux Britanniques les acquis du Front populaire en France. Dans un pamphlet sur la vague de grèves d'occupation qui suit la victoire électorale de la gauche française, les communistes britanniques insistent sur la leçon d'unité enseignée par ce triomphe. Les revendications des ouvriers français ont montré la voie à suivre :

> Congés payés obtenus par les syndicalistes français ! Pensez à cela, travailleurs des chantiers navals de la Clyde, qui êtes mis en chômage technique lors de la foire de Glasgow ! Pensez à cela, mineurs, cheminots, ouvriers de textile, médecins – vous autres, les millions de travailleurs britanniques qui êtes mis en chômage technique pendant dix jours que certains osent appeler « vacances » ! Ici aussi, un tel progrès est possible ![11]

---

[10] Hobsbawm, p. 384-5.

[11] *The Stay-in Strikes in France* (Londres : CPGB, 1936), p. 15.

Une seule condition, toutefois, pour obtenir pareilles avancées : l'unité du mouvement ouvrier. Le pamphlet continue :

> Compte tenu des triomphes des ouvriers français, le refus des dirigeants travaillistes britanniques d'accepter l'unité – quand ils ne la combattent pas désespérément – revêt une nouvelle signification. Il devient la trahison définitive de la classe ouvrière. Mettons en pratique la leçon française. Le premier pas sera d'unir les travaillistes et les communistes comme en France pour développer la campagne de masse[12].

Avec la victoire du Front populaire, Maurice Thorez commence à attirer l'attention de la presse britannique. Le *Daily Telegraph*, journal conservateur, décrit ainsi « le Lénine de poche français » : « C'est un débatteur redoutable, bien que son art oratoire souffre de ses origines sur une tribune improvisée. [...] Thorez est petit avec une solide carrure, son physique portant les traces des jours qu'il a passés comme mineur dans le Pas de Calais »[13]. La vague de grèves d'occupation attire l'attention de l'*intelligence service* britannique qui en vient à apprécier le rôle modérateur joué par Thorez lors de l'euphorie ouvrière de juin 1936 : « Bien que des journaux de droite aient dénoncé la main de Moscou derrière le mouvement de grève, il est impossible d'ignorer le fait que les dirigeants communistes, Thorez inclus, conseillaient fortement aux grévistes de reprendre le travail une fois leurs revendications satisfaites »[14].

Cela dit, les services britanniques sont sensibles à l'intensification des échanges communistes franco-britanniques pendant la période du Front populaire. Déjà, en janvier 1935, les

---

[12] *Ibid.*, p. 15-16.

[13] *Daily Telegraph*, 6 mai 1936.

[14] Kew : KV2/2168.

autorités britanniques interviennent pour empêcher Marcel Cachin de rendre visite aux dirigeants du CPGB. Le directeur de *L'Humanité* note dans son carnet : « Douvres, 11 h 30. Sa falaise calcaire. Jusqu'à 4 h, gardé à vue par un policier »[15]. En 1936, James Klugmann, historien qui avait joué un rôle clé dans la diffusion des idées marxistes à l'université de Cambridge, s'installe à Paris comme secrétaire du Rassemblement Mondial des Étudiants, ce qui attire l'attention des services secrets britanniques. Ces derniers notent également que Clemens Dutt retourne à Paris en mai 1936 et passe les dix-huit mois suivants au bureau du Comité mondial contre la guerre et le fascisme. En mai 1937, on signale qu'il a assisté à la conférence biennale du Komintern à Paris, avant de travailler au « Bureau européen de traduction ». En janvier 1939, Dutt dirige un numéro spécial du *Labour Monthly* sur le Front populaire et la lutte des classes en France, tout en renouvelant son soutien indélébile à « la conspiration révolutionnaire indienne »[16].

Une autre figure fréquemment repérée aux ports de la Manche est John Ross Campbell, responsable du service étranger du *Daily Worker*, quotidien du CPGB. Dans un rapport de surveillance typique, fait à Newhaven le 27 mai 1936, « Code Name Carlin » « semblait voyager seul. Il ramenait certaines publications françaises à caractère politique ». De même, le 7 avril 1938, il arrive de Dieppe « en possession de divers livres français de gauche ». Campbell joue un rôle considérable dans la vulgarisation du Front populaire outre-Manche. Le 12 août 1936, un policier présent lors d'un meeting communiste à Southampton rapporte les propos séditieux de Campbell : « La

[15] Marcel Cachin, *Carnets, tome IV. 1935-1947* (Paris : Éditions du CNRS, 1998), p. 184.
[16] Kew : KV2/2504.

France est gouvernée par les ouvriers comme un pays devrait être gouverné, et les ouvriers espagnols suivent leur exemple »[17].

Le 25 mai 1936, Campbell est invité avec José Diaz, secrétaire général du parti communiste espagnol, à s'adresser à une réunion du comité central du PCF, au lendemain de la Montée traditionnelle au Mur des Fédérés en hommage à la Commune de Paris. La présence de Campbell est accueillie par des « applaudissements prolongés ». Le procès-verbal décrit le dirigeant britannique :

> Il a participé à de nombreuses manifestations en Angleterre, en Allemagne, en Union soviétique. Jamais sauf en Union soviétique, il n'a vu une manifestation si nombreuse, si enthousiaste que celle qu'il a eu le grand plaisir de voir hier. Il a vu le grand nombre d'ouvriers révolutionnaires, leur esprit combatif en même temps que les très nombreuses femmes qui étaient présentes et le puissant défilé de la jeunesse féminine et masculine qui montre le développement révolutionnaire en France en général et à Paris en particulier. Je n'étais pas le seul militant britannique au Mur, a-t-il dit.

En vue d'une prochaine manifestation parisienne de grande ampleur, Campbell propose de renforcer les liens franco-britanniques en demandant au comité central d'inviter « les groupes nombreux des dirigeants du Labour Party, non seulement ceux qui sont pour le Front populaire, mais aussi ceux qui sont les adversaires du Front populaire [...] afin qu'ils puissent bien se rendre compte ». Selon le Britannique, beaucoup de gens regardent vers la France, y compris vers la presse de centre-gauche. Pourtant, « quand ils parlent du Front populaire,

---

[17] Kew : KV2/1187.

ils veulent dire le Front populaire sans les communistes. C'est ce que nous combattons, en expliquant que sans les communistes, le Front populaire serait un corps sans âme. Je ne dis pas au PCF que les événements vont si vite en Angleterre qu'en France, cependant, nous faisons des pas en avant vers le Front populaire pour suivre la ligne de l'Internationale communiste qui a précisé qu'en Angleterre, la réalisation du Front Unique c'est la lutte pour l'adhésion du CPGB au Labour ». Campbell rassure les camarades français que le Labour n'est pas comme la SFIO : « les syndicats en font partie aussi, comme des coopératives, c'est-à-dire que notre parti communiste peut y adhérer sans perdre sa personnalité ». La lutte a déjà porté des fruits : 600 cellules syndicales se sont prononcées en faveur de l'affiliation du CPGB au Labour, et un communiste, Arthur Horner, vient d'être élu président des mineurs du sud du Pays de Galles. Campbell conclut : « Les progrès sont lents, mais ils doivent devenir rapides. Pourquoi ? Les élections de novembre voient la diminution du gouvernement d'Union nationale ». Le Gouvernement national, explique Campbell, devrait sortir discrédité de son sabotage de la Société des Nations lors de la crise en Abyssinie. Il est donc temps de tirer les leçons des fronts populaires français et espagnols afin de « se rapprocher encore plus vite de l'unité ».

Dans sa réponse, André Marty, qui avait servi d'interprète pour les deux invités pendant cette séance, déclare : « Nous devons penser que le Labour Party est actuellement un des bastions – par ses leaders – de la partie réactionnaire de la IIe internationale. [...] Il ne reste plus que le Labour Party anglais avec ses deux millions et demi de membres, qui constitue une barrière qu'il faut briser ». D'après Marty, il y aurait un véritable engouement outre-Manche pour ce qui se passe en France : « Non seulement les articles de journaux mais par exemple on a traduit en anglais un livre de Maurice Thorez, *La France d'aujourd'hui*, et il y a cinq jours on avait déjà vendu 8 000 exemplaires, c'est énorme pour l'Angleterre, le livre étant vendu assez cher ». Le héros de la grande mutinerie de la mer Noire évoque ses conversations passées avec certains dirigeants du Labour Party et exprime son optimisme quant à la solidarité révolutionnaire franco-britannique :

> Nous sommes liés aux camarades anglais par de vieilles traditions révolutionnaires que nous connaissons très peu en France. On ne sait pas qu'au moment de la grande Révolution française, toute la flotte britannique s'est mutinée pendant près d'un mois pour ne pas combattre la Révolution française. On ne le sait pas assez en France et il faut le rappeler. Il y a une autre tradition qui nous unit aux camarades anglais, c'est la grande lutte de 1919/1920 pendant laquelle on n'a pas chargé un seul obus pour la Politique contre la révolution soviétique. C'est pourquoi sur la base de nos traditions révolutionnaires, le secrétariat du comité central et les camarades de la région du Nord qui sont à quelques minutes de l'Angleterre, devront resserrer les liens communs pour réaliser là-bas le front unique et ainsi battre en brèche la partie réactionnaire de la IIe Internationale qui s'oppose à la réalisation de l'unité internationale.

En conclusion, au milieu de « rires et applaudissements », Marty s'amuse d'un compte rendu de la traduction de *Fils du Peuple* (l'autobiographie de Maurice Thorez) dans le *Daily*

Herald : « Voyez, déclare le journal travailliste anglais, les communistes français sont devenus des réformistes ! »[18].

Mais de telles aspirations unitaires restent vaines : en septembre 1937, au congrès annuel du parti travailliste, la résolution en faveur d'un « front commun » avec les communistes est repoussée par plus de 2 millions de voix contre 330 000. Même pendant cette période de lutte contre le fascisme, il semble impossible pour le Labour d'intégrer le parti du Komintern.

Front populaire et culture communiste

La construction d'un front populaire contre le fascisme et la guerre intensifie les échanges entre intellectuels communistes et compagnons de route. En 1935, à Paris, un Congrès des écrivains réunit les Français Henri Barbusse et Louis Aragon et les Britanniques Aldous Huxley et John Strachey, entre autres. On rend compte de cette réunion dans un numéro de *Left Review*, organe de la section britannique de l'Internationale des écrivains. Aux côtés de poèmes par deux grands écrivains anglais de la Grande Guerre, Wilfred Owen et Siegfried Sassoon, ainsi que quelques vers écrits par le national-communiste écossais Hugh MacDiarmid, le journal inclut des poèmes de Louis Aragon (traduits par Nancy Cunard) et des extraits de Paul Nizan, André Malraux, et Ilya Ehrenbourg, véritable ambassadeur culturel de Moscou à Paris. Le Left Book Club lancé par Victor Gollancz contient dans sa liste de publications de nombreux ouvrages français.

---

[18] Archives du PCF, Archives départementales de Seine-Saint-Denis, Bobigny (PCF) : 3 MI 6/123.

Le tournant politique du Septième Congrès du Komintern pousse les partis communistes à revendiquer un patriotisme de gauche afin de contrecarrer la nationale xénophobie de l'adversaire fasciste. Il s'agit de ce que Georges Dimitrov appelle « un internationalisme acclimaté ». Ainsi, le PCF s'approprie *La Marseillaise* et le drapeau tricolore, autrefois associés à Adolphe Thiers et autres fossoyeurs de la Commune. Pour sortir de son ghetto ouvriériste et tendre la main aux classes moyennes ainsi qu'à la France chrétienne, le PCF inscrit son histoire dans celle de la Révolution « bourgeoise » de 1789. Au même moment, des écrivains comme Aragon et Nizan rompent avec leur passé moderniste et avant-gardiste et tentent d'intégrer, tant bien que mal, le réalisme socialiste d'inspiration soviétique au canon littéraire français.

La Grande-Bretagne subit une évolution analogue. En 1936, Jack Lindsay, romancier et classiciste d'origine australienne, se convertit au marxisme afin de résoudre ses tourments existentiels, depuis l'opposition entre théorie et pratique jusqu'au rôle de l'individu dans l'Histoire. Lindsay réalise sa première grande contribution au Front populaire britannique avec son poème, « Who are the English ? », dans lequel il rend hommage à une tradition radicale anglaise qui remonte jusqu'à la Révolte des Paysans de 1381, en passant par les *Diggers* et les *Levellers* de la Révolution anglaise du XVIIe siècle, le chartisme (lutte ouvrière pour le suffrage universel) du XIXe siècle, et la grève générale de 1926.

Force est de constater que chez Lindsay cette « acclimatation » marxiste et patriotique s'accompagne d'un intérêt croissant pour la France. *1649 – Novel of a Year* traite d'une année charnière de la Révolution anglaise. Le roman s'ouvre sur l'exécution publique du roi Charles I – un régicide qui, cependant, échoue à conduire vers une révolution sociale rêvée par les éléments les plus radicaux de l'époque. La junte menée par Oliver Cromwell va consolider son pouvoir et lancer une guerre atroce en Irlande. Le peuple est chassé des terres communales qui sont transformées en propriété privée. Les Diggers et les Levellers, courants proto-communistes auxquels s'associe le jeune apprenti puritain Roger Cotton, sont réprimés. Mais Lindsay rend hommage à l'énergie révolutionnaire de la bourgeoisie ascendante et aux libertés politiques qu'elle parvient à arracher : le niveau de développement des forces sociales, semble-t-il, n'est pas encore propice à une autre révolution. À la fin du roman, deux anciens combattants de l'armée parlementaire, Ralph Lydcot et Will Scamler, décident de se consacrer au commerce, participant ainsi à l'essor du capitalisme, étape obligatoire vers le socialisme. Quant à Roger Cotton, il va continuer son apprentissage idéologique aussi bien que professionnel. Il fait la connaissance de Richard Overton, éditeur radical, et de riches échanges s'ensuivent : « Ils commencèrent à parler de livres. Overton découvrit que Roger n'avait jamais lu Montaigne ni Rabelais. "Je les chercherai pour toi, dit-il. Et tu devrais lire Bacon et Giordano Bruno. Descartes, aussi". Roger ne s'était jamais senti si heureux dans sa vie »[19]. Portant des blessures à la fois politique et sentimentale, le jeune idéaliste semble parvenir à la rédemption : « il était entièrement lui-même, fusionnant avec la nuit londonienne, basculant vers l'aube. Je vais travailler dur dans mes études, pensait-il. "Je viens d'acheter un dictionnaire français", dit-il à Overton »[20]. Ainsi, la France, et une autre révolution, s'esquisse sur l'horizon.

---

[19] Jack Lindsay, *1649. Novel of a Year* (Londres : Methuen, 1939), p. 553.
[20] *Ibid.*, p. 557.

Dans un autre roman historique, *To Arms ! À Story of Ancient Gaul*, paru en 1938, Lindsay évoque une forme de solidarité franco-britannique contre la tyrannie. Un groupe de Britanniques se voient kidnappés et vendus en esclaves. Cependant, avec l'aide d'un Gaule, Ardorix, ils parviennent à s'évader et à rejoindre les rangs d'une insurrection contre l'envahisseur romain. Sur fond d'intervention fasciste dans la Guerre d'Espagne, il est impossible de manquer la résonance contemporaine de ces paroles adressées par un « Gaulois imposant » à un officier de César : « Personne ne vous a invité à venir ici nous voler. Vous nous avez pillés tant que vous aviez des soldats pour nous opprimer. Nous ne voulons pas que des Romains ni des Allemands ni tout autre étranger gouvernent notre pays. Vous avez tué des milliers d'entre nous. Mais maintenant c'est notre tour. Mort aux Romains ! »[21]. Comme dans *1649*, les personnages vont connaître la défaite, cette fois à Alésia : « Mes frères, dit Vercingétorix, d'une voix calme et atone, c'est la fin »[22]. Mais cette défaite semble marquer le début d'une lutte prolongée. À la fin du roman, Verica le Britannique s'entretient avec Ardorix le Gaule :

> « Il est clair que les Romains vont attaquer la Grande-Bretagne tôt ou tard, et je veux faire de mon mieux pour défendre mon pays. Pour cette raison, j'ai essayé de comprendre la leçon de la guerre que nous avons connue. Je veux rester ici pour une année et apprendre tout ce que les hommes ici peuvent nous enseigner. Je veux tout connaître de leur industrie. Ensuite, nous rentrerons en Grande-Bretagne et diffuserons nos connaissances aussi largement que possible. »

---

[21] Lindsay, *To Arms! A Story of Ancient Gaul* (Oxford : OUP, 1938), p. 31.
[22] *Ibid.*, p. 282-3.

Ardorix incline la tête. « Je vois. Tu penses que les Romains ont vaincu seulement parce qu'ils connaissaient ces choses mieux que nous ? »

« Oui, dit Verica. Nous devons rentrer avec la conviction que les deux choses les plus importantes du monde sont la Fraternité et les Arts de la Paix. Voilà ce que j'ai appris de cette guerre. »

Ardorix dit, « Je suis avec toi »[23].

Jack Lindsay n'est pas le seul écrivain communiste épris de la France pendant cette période. Dans *Summer Will Show*, Sylvia Townsend Warner raconte l'histoire d'une riche bourgeoise, Sophia Willoughby, en voyage à Paris après la fuite de son mari (à son trompeur) et la perte de ses enfants (morts de la variole). Là-bas, pendant les événements révolutionnaires de juin 1848, elle tombe amoureuse de la maîtresse juive de son mari, se déclasse et se convertit au marxisme[24]. La France inspire également le jeune poète John Cornford. Étudiant à Cambridge au milieu des années 1930, il avait cité Aragon comme guide en littérature engagée[25]. En 1936, désormais volontaire pour la République espagnole et soldat dans le 5ᵉ Bataillon *La Marseillaise*, il rédige « Full Moon at Tierz. Before the Storming of Huesca », où deux héros du Front populaire se côtoient :

Trois ans passés Dimitrov a combattu seul

Et nous nous en sentions plus grands

Mais maintenant les dents du dragon de Leipzig

---

[23] *Ibid.*, p. 287.

[24] Sylvia Townsend Warner, *Summer Will Show* (New York : New York Review Books, 2009).

[25] Pat Sloan (dir.), *John Cornford : À Memoir* (Dunfermline : Borderline Press, 1938), p. 130.

Poussent fortes et belles contre la mort

Et ici se bat une armée où il n'y en avait pas.

Nous avons bien étudié comment mener ce combat,

Notre Maurice Thorez tenait le flambeau[26].

Quelques semaines plus tard, Cornford tombe au champ d'honneur révolutionnaire.

Angleterre-France-Espagne

Avec le début de la Guerre d'Espagne, la France devient une destination d'autant plus importante pour les communistes britanniques. Les volontaires anglais doivent désormais passer par Paris pour rejoindre les Brigades internationales contre Franco. Parmi les volontaires de la première heure se trouvent John Cornford et son ami, le romancier John Sommerfield, qui traversent la France au cours de l'été de 1936. Sommerfield évoque ainsi leur arrivée sur le sol français :

> Le rythme assourdissant des roues de la locomotive se faisait entendre de nouveau dans les turbines du bateau ; puis nous nous retrouvions encore dans un train, regardant des kilomètres de paysage français défiler, et dans cette musique implacable des pistons dansants, nous n'entendions que notre propre impatience, ne voyions que la carte de France s'étendre devant nous avec les Pyrénées et l'Espagne encore très loin devant. Puis le train ralentit, et nous étions à Paris[27].

---

[26] *Ibid.*, p. 243.

[27] John Sommerfield, *Volunteer in Spain* (Londres : Lawrence et Wishart, 1937), p. 12.

Paris, selon les souvenirs de Sommerfield, est « un joli endroit mais nous voulions atteindre l'Espagne »[28]. Les deux intellectuels communistes veulent partir le soir même, mais il leur faut obtenir des papiers. Au bureau de recrutement, ils s'approchent d'une table où ils reçoivent une liste de formulaires à remplir. Déjà, ils découvrent les périls de la traduction. « Quelle était mon occupation ? Auteur, peut-être. Le mot français est *excrevisse ?* Quelque chose comme ça ? Mais non, c'était écrivain. *Écrevisse* est une sorte de langoustine »[29]. Les volontaires se procurent des revolvers et des munitions puis « traînaient dans les cafés près du bureau, jouaient constamment au billard, grillaient des centaines de cigarettes, boudaient en silence ou parlaient avec découragement de l'attente interminable »[30]. À la gare du Quai d'Orsay, ils voient des gens « courir dans tous les sens comme des fourmis. Puis nous sommes entrés en marchant, menés par Gustave, un petit mec jovial au physique de gnome, qui s'occupait de nous »[31]. Sommerfield et Cornford se trouvent parmi des dizaines d'ouvriers qui ont tous l'intention de trouver la même destination : « Sous cette grande voûte, devant l'immense horloge lumineuse, un moment de l'histoire était en train de se créer, duquel, obscurément, nous devenions conscients »[32].

En compagnie de deux mille antifascistes italiens, ils font le voyage à Marseille. En tant qu'Anglais, Sommerfield et Cornford sont un objet de curiosité : « Il y a donc des communistes en Angleterre ? C'est formidable ! »[33]. Leur compartiment réunit

---

[28] *Ibid.*, p. 12.
[29] *Ibid.*, p. 12.
[30] *Ibid.*, p. 13.
[31] *Ibid.*, p. 13.
[32] *Ibid.*, p. 14.
[33] *Ibid.*, p. 15.

Antonio, homme doué d'une débordante énergie latine et d'un torse de héros grec, deux petits durs élevés dans les rues parisiennes, Marcel and Michel, qui racontent des histoires de combat au couteau avec les fascistes français, et un Belge au visage jovial d'alcoolique. Le train « traversa avec fracas la nuit et la grande plaine de la France centrale [...] J'avais les yeux fermés, mais je n'avais aucune envie de dormir »[34]. L'élan de solidarité internationaliste se confirme à Marseille, où des chauffeurs de taxi marxistes-léninistes se mobilisent pour leur trouver un bateau en direction d'Espagne.

Selon Bill Alexander, spécialiste des brigadistes britanniques, il est assez facile en 1936 d'atteindre l'Espagne à travers la France : « un passeport, cinq livres sterling et la détermination suffisent pour les premiers volontaires »[35]. Jusqu'en janvier 1937, des groupes s'assemblent à Londres, reçoivent un billet de train-bateau pour Paris et une livre sterling en cas d'urgence. Les volontaires voyagent ouvertement entre Londres et Paris et, après un repas et un examen médical, prennent un train ordinaire pour la frontière espagnole. Le chemin de fer passe la frontière par un tunnel entre Cerbère et Port Bou. Tantôt le train passe par le tunnel, tantôt les partisans y passent à pied. Ensuite, ils font le trajet de Figueras à Barcelone puis continuent jusqu'au QG des Brigades internationales, à Albacete.

Dans un autre mémoire, Maurice Levine raconte son voyage de Cheetham, quartier populaire de Manchester, à Cordoue. Il quitte sans difficulté l'Angleterre : il possède un passeport et ses camarades du Lancashire ont acheté des allers-retours à destination de Paris pour le weekend. En arrivant, ils se rendent

---

[34] *Ibid.*, p. 17.

[35] Bill Alexander, *British Volunteers for Liberty. Spain 1936-39* (Londres : Lawrence et Wishart, 1986), p. 43.

directement à une adresse près de la Place du Combat. C'est là que les problèmes commencent :

> On se présente à un Espagnol qui a un petit bureau à la Maison des Syndicats. Nous avons des difficultés à nous faire comprendre. En apprenant que nous n'avons pas de papiers, notre mission ne l'intéresse pas. « Pas papier, allez pas », dit-il dans un anglais hésitant. Nous lui répondons que nous sommes tous membres du parti communiste. « Ça ne fait rien », dit-il en français. « Pas papier, allez pas »[36].

Heureusement, un jeune membre du groupe a quelques connaissances en français et Levine lui demande d'aller au bureau d'à côté, qui appartient à un syndicat de métallos, afin de leur dire ce qui vient d'arriver. On lui répond que le syndicat fera son possible et s'arrangera pour qu'un camarade les rencontre chaque soir pour les tenir au courant de ce qui se passe. C'est donc affamés et sans le sou que ces ouvriers communistes du nord de l'Angleterre découvrent la Ville Lumière :

> Nous mettons en commun nos derniers francs et nos fonds sont assez bas ; ce bonhomme passe quelques soirées avec nous, à boire le café et nous faire le tour de Paris. Un soir, notre guide nous amène aux Halles, nous désignant certains cafés et bistros que fréquentent les fascistes. Comme un petit plaisir, il commande du thé anglais. Nous sommes trop polis pour lui dire que nous n'avons pas mangé à notre faim depuis des jours entiers[37].

---

[36] Maurice Levine, *Cheetham to Cordova. A Manchester Man of the Thirties* (Manchester : Neil Richardson, 1984), p. 30.
[37] *Ibid.*, p. 30.

Grâce à des amis avec les papiers nécessaires, on leur dit d'aller à la Gare d'Austerlitz, où ils auront rendez-vous avec « un homme en culotte et bottes d'équitation. Il se tiendra à côté d'un pilier dans le hall et nous fournira les billets de train pour Perpignan. On nous dit de ne parler à personne et d'être aussi discrets que possible, car les Français ne sont pas unanimes dans leur soutien à la lutte du peuple espagnol contre le fascisme »[38].

Ils passent trois jours à Perpignan, cantonnés dans une ancienne école, jusqu'à l'arrivée d'autres volontaires étrangers. La plupart sont français, allemands, un groupe de Vienne qui a traversé les Alpes à ski pour éviter les gardes-frontières, et quelques Néerlandais. Mais « une atmosphère d'insécurité » persiste : « il nous est interdit de visiter le centre-ville pendant la journée et de déclarer que nous nous dirigeons vers l'Espagne »[39]. La nuit suivante, ils entament la dernière étape de leur voyage, huit jours après leur départ de Manchester :

> Le car qui nous emmène est très impressionnant, une Hispano-Suiza, marque célèbre de l'époque. Nous nous arrêtons à la frontière. Les gendarmes français nous laissent passer rapidement. Puis les gardes-frontière espagnols nous souhaitent la bienvenue. On éteint les feux du car, et aux accents de l'*Internationale*, chantée en quatre langues différentes, nous prenons notre chemin. Peu de temps après, la frontière est fermée et plus tard les volontaires qui ont traversé la France doivent monter les Pyrénées pour entrer en Espagne[40].

Effectivement, en février 1937, le Comité de non-intervention interdit les volontaires étrangers pour l'Espagne.

---

[38] *Ibid.*, p. 31.

[39] *Ibid.*, p. 32.

[40] *Ibid.*, p. 32.

Pourtant, comme l'explique Bill Alexander, cette mesure répressive ne dissuade pas les communistes britanniques, bien décidés à combattre pour la république :

> Les chemins de fer britanniques offraient des voyages de weekend tous les vendredis soir. On n'avait pas besoin de passeports. On donnait aux volontaires un billet le weekend et on leur disait de faire le voyage à Paris seuls. Souvent, à la barrière de contrôle de Victoria Station, des policiers en civil les interrogeaient, mais les volontaires leur répondaient qu'ils cherchaient seulement les lumières de Paris. Leur bagage, qui se composait souvent d'un paquet de papier brun contenant une brosse à dents, une chemise propre et des chaussettes, semblait improbable pour un weekend traditionnel à Paris et ne rendait pas leurs histoires plus crédibles, mais la police, aussi soupçonneuse fût-elle, ne pouvait rien faire[41].

Malgré le conseil de voyager seul, des groupes se forment inévitablement, alors que des volontaires aux yeux bouffis attendent l'ouverture des centres de réception. Là, dans les cafés et les locaux de syndicats ou de coopératives, qu'ils quittent parfois pour des raisons de sécurité, ils sont vérifiés et divisés en groupes. Après un examen médical rudimentaire, tout le monde reçoit de l'argent français comme preuve qu'ils sont des touristes *bona fide*. On les prévient sévèrement sur les dangers de l'alcool et des bordels. Ensuite, on les envoie en train de la Gare d'Austerlitz au sud de la France.

Malgré de telles instructions, Bill Alexander donne des exemples de Britanniques arrêtés sur le territoire français : « Tom Jones, mineur gallois, connaît une expérience typique en

[41] Alexander, p. 45.

avril 1937 quand la voiture qui emmène son groupe de Béziers vers la frontière est arrêtée par la police, et le groupe est emmené an menottes à Perpignan où il est accueilli par une foule en liesse »[42]. Bert Ovenden et d'autres volontaires dorment dans une grange quand un gendarme arrive. On les menotte à une chaîne derrière la bicyclette du gendarme avant de les inculper de vagabondage. Les malheureux détenus sont condamnés à un mois de prison.

Normalement, on prend la route terrestre à travers les Pyrénées :

> Les petits groupes fusionnent avec d'autres à Perpignan et d'autres villes près de la frontière. On rend les francs reçus à Paris ; souvent le vin a permis de surmonter les scrupules de certains volontaires, et il leur reste peu d'argent. On donne à chacun une paire d'*alpargatas* [espadrilles]. Ensuite, en pleine nuit, par convois de cars, camions et taxis, on emmène les groupes aux contreforts des Pyrénées. Dans l'obscurité, sans cigarettes ni paroles, en file indienne, la montée commence[43].

Une autre route passe par les ports méditerranéens de Sète et de Marseille, où les volontaires embarquent sur des bateaux de ravitaillement en direction de Barcelone et de Valence.

Les témoignages recueillis par Richard Baxell indiquent combien la France semble séduire de jeunes ouvriers britanniques, dont la plupart découvrent l'étranger pour la première fois. Un volontaire de Liverpool, qui passe trois jours à Paris en août 1937, est ébloui par l'Exposition universelle. Un autre volontaire du Lancashire se souvient que certains de ses

---

[42] *Ibid.*, p. 47.

[43] *Ibid.*, p. 47.

compatriotes « étaient de purs aventuriers. Quand ils arrivaient à Paris, les hommes se soûlaient la gueule, et je crois que l'un d'entre eux s'est même égaré »[44]. Naturellement, la direction communiste est bien consciente des tentations offertes par la Ville Lumière. À leur arrivée, les volontaires sont contrôlés au bureau de la Place de Combat par Charlotte « *the Harlot* » [la putain] Haldane, épouse du célèbre généticien communiste John Haldane. Afin d'éviter que les volontaires ne s'adonnent à la boisson, aux rixes ou aux bordels, la direction décide que « leur argent soit confisqué, et que chaque homme ne reçoive que dix francs d'argent de poche quotidien, pour lui permettre d'acheter un paquet de cigarettes françaises et deux chopes de bière »[45]. En outre, *The Harlot* les sermonne régulièrement sur les « femmes aux mœurs légères ». Un ancien combattant se rappelle : « Une femme ne m'avait jamais parlé de cette façon dans toute ma vie, mais jamais ! »[46].

Une expérience plus vertueuse, certes, mais non dénuée d'humour, est racontée par Bob Cooney, qui deviendra commissaire politique des brigadistes britanniques après la mort de Wally Tapsell. Son « fier voyage » commence ainsi :

> La première étape de notre voyage est en direction de Paris, via Victoria-Newhaven et Dieppe. Nous avons acheté un billet de weekend pour Paris. Pour un habitant d'Aberdeen [notoirement avare], cela me fend le cœur

---

[44] Richard Baxell, *Unlikely Warriors. The British in the Spanish Civil War and the Struggle against Fascism* (Londres : Aurum, 2012), p. 72.

[45] *Ibid.*, p. 72.

[46] *Ibid.*, p. 72.

> d'acheter un billet de retour que je n'utiliserai jamais, mais je n'y peux rien[47].

Ils prennent un train de nuit de Paris et le lendemain matin arrivent à leur destination, « une petite ville médiévale » dans le sud de France. Ils sont déjà divisés en groupes, chacun avec des instructions différentes :

> Je mène mon groupe depuis la gare et nous montons dans un petit car près de l'entrée. Le chauffeur est déjà dans son siège et nous partons sans mot dire. Nous parcourons des rues raides et étroites, puis soudain, le véhicule s'arrête devant un commerce de vin à la vitrine aguichante. Le chauffeur descend et ouvre la porte. Notre voyage s'arrête pour le moment[48].

Cooney et ses hommes passent trois jours agréablement avinés dans le village. La seule complication vient d'un camarade aux idées romantiquement complotistes qui se présente à des touristes comme un réfugié autrichien : « Le fait que ce conspirateur parle anglais avec un fort accent du Yorkshire nous donne des moments embarrassants »[49].

Lors de la troisième nuit, une jeune fille leur fait signe de la suivre. Elle les amène à un petit square, où ils trouvent les autres volontaires déjà dans un car. On leur ordonne de ne pas fumer ni parler. Le dernier voyage commence :

> Nous traversons plusieurs villages aux rues extrêmement étroites. Après une heure, notre véhicule s'arrête, et on nous dit de descendre en silence. Nous enlevons nos

---

[47] Marx Memorial Library, Londres : Bob Cooney, *Proud Journey* (manuscrit inédit), p. 42.
[48] *Ibid.*, p. 42.
[49] *Ibid.*, p. 43.

chaussures et les remplaçons par des *alpargatas*. S'en suit une demi-heure de marche en file indienne. Nous nous accroupissons dans un fossé pendant que notre guide scrute la route éclairée en pleine lumière.

Il leur fait signe de traverser. Bob Cooney court trop vite, se précipitant contre des barbelés : « mon nez souffre un peu, mais comme quelqu'un remarque pour me consoler, je peux prétendre être le premier du groupe à avoir versé mon sang pour la démocratie »[50].

Malheureusement, les mémoires de volontaires britanniques nous offrent peu d'autres détails sur les relations avec les volontaires français ou d'autres nationalités pendant la Guerre d'Espagne. Le témoignage de Maurice Levine fait exception. Dès son arrivée à Albacete, Levine et ses camarades anglais sont attachés, comme John Cornford, à la première compagnie du 5e Bataillon *La Marseillaise*. Ils se sentent victimes de discrimination par les Français, qui leur ordonnent d'éplucher les pommes de terre et de monter la garde pendant les longues nuits d'hiver. Une de ces nuits, Levine, las de l'infect ragoût de mulet, et attiré par l'odeur délicieuse de foie aux oignons qui monte de la cuisine, abandonne son poste de garde pour en demander aux Français. Le commandant, Gaston Delasalle, constate l'absence de Levine et le fait emprisonner. Ironie de l'histoire, Levine doit garder Delasalle à la veille de l'exécution de ce dernier pour espionnage[51].

Richard Baxell cite le légendaire général Walter (alias Karol Swierczewski), selon lequel l'intolérance règne entre les groupes nationaux des Brigades internationales :

---

[50] *Ibid.*, p. 44.

[51] Imperial War Museum : https://www.iwm.org.uk/collections/item/object/80009507

> La francophobie était la plus évidente [...] l'antisémitisme florissant [...] Au moment même où les volontaires s'unissaient, on avait cette dispute mesquine et ignoble autour de la supériorité d'une nationalité sur une autre. Tout le monde se croyait supérieur aux Français et même les Français étaient supérieurs aux Espagnols[52].

Maurice Levine combat dans les Batailles de Jarama et de Brunete, où il est grièvement blessé. En mars 1938, avec la retraite de la République espagnole sur les fronts militaire et diplomatique, il est retiré de l'autre côté des Pyrénées avec d'autres brigadistes. Il évoque ainsi son retour en train de Barcelone à Port Bou :

> Avec des sentiments contradictoires, nous prenons le chemin de la gare. Au bout du tunnel sous les Pyrénées se trouve Cerbère. Là nous attend un représentant de la Spanish Aid Organisation qui nous amène au buffet de la gare pour un déjeuner simple à base de côtes d'agneau, pommes sautées et du vrai café. C'est délicieux – à seulement 200 mètres d'une Espagne républicaine dévastée par la guerre ; elle semble si loin encore[53].

Bob Cooney, lui aussi, connaît un choc culinaire à la frontière espagnole :

> Nous descendons du train à la frontière française. On croit découvrir un pays de cocagne. Nous salivons devant le tas de pain frais, le beurre, le chocolat et toutes les bonnes choses dont nous avons rêvé pendant les mois passés. Quelques mètres derrière nous un pays se meurt de faim [...] Nous prenons contact avec des représentants de la

---

[52] Baxwell, p. 147.

[53] Levine, p. 45.

Société des Nations puis nous nous attablons pour déguster un repas au volume inégalé depuis notre départ d'Angleterre. Le repas est offert par le Front populaire de France[54].

Malgré l'agonie des fronts populaires des deux côtés des Pyrénées, Cooney insiste sur le maintien de la solidarité franco-britannique. Le consul britannique donne aux volontaires de l'argent pour couvrir les frais de leur voyage de retour. Cooney et ses camarades visitent le palais de Versailles où, en bons communistes, ils refusent la charité de l'Armée du Salut mais acceptent l'hospitalité offerte par un énorme fourgon du Front populaire. À Dieppe, une délégation de dockers leur donne des fleurs et un chapeau rempli d'argent. Cooney et ses camarades se pressent contre le bastingage tandis que des centaines d'hommes et de femmes occupent le quai : « Ensemble nous chantons *La Marseillaise* et *L'Internationale*. Comme le bateau quitte le port, nous entendons des cris de "Vive l'Espagne" et "Viva el Frente Popular". Les acclamations des Français suivent notre départ. Ces sentiments chaleureux de la vraie France nous remontent le moral »[55]. Sur le sol britannique, ils sont accueillis par un groupe de femmes qui ont fait le voyage de Brighton à Newhaven pour l'occasion : « cela nous a fait du bien après tous les tracas causés par les autorités britanniques. Juste après six heures du soir, notre train arrive à Victoria Station. Sur le quai nous attendent Clement Attlee, Sir Stafford Cripps, Willie Gallacher, Tom Mann et Will Lawther »[56].

[54] Cooney, p. 171-2.

[55] *Ibid.*, p. 173.

[56] *Ibid.*, p. 174.

Un tel voyage, et un tel Comité d'accueil, composé par des dirigeants travaillistes, communistes, et syndicalistes, semble encore offrir la possibilité d'unité entre socialistes et communistes. Pourtant, les volontaires britanniques pour l'Espagne qui (à la différence de Cornford, Fox, Tapsell et de centaines d'autres) parviennent à retraverser les Pyrénées trouvent une France bien différente de celle qu'ils ont quittée. La non-intervention franco-britannique glisse rapidement vers une politique d'apaisement envers l'Axe expansionniste. Déjà en mai 1938, dans *Labour Monthly*, Neil Hunter dénonce « l'offensive des deux cents familles de France » :

> La prochaine visite à Londres de MM. Daladier et Bonnet sera sans doute l'occasion d'une nouvelle tentative de suggérer que la France devient plus favorable à la politique de capitulation de Chamberlain. C'est une tentative dont les forces de la paix doivent se méfier. Car le Front populaire, citadelle de la liberté française et de la nôtre, reste intact : sa garnison croît en nombre, en détermination, en unité[57].

Cependant, des brèches fatales se dessinent dans l'enceinte de la citadelle du Front populaire. En janvier 1939, Clemens Dutt réfléchit avec amertume sur l'échec du Front et de la lutte des classes qui sévit en France :

> La cause de la défaite présente du Front populaire est l'exact contraire de ce que proclament avec tant de bruit les adversaires de l'unité démocratique en Angleterre. Ils prétendent que c'est l'union de la SFIO avec les

[57] *Labour Monthly*, mai 1938, p. 297.

communistes et les radicaux qui a entraîné la défaite. Au contraire, c'est la rupture de cette union qui a permis à la réaction de triompher [...] Ils prétendent que l'histoire du Front populaire déconseille de créer l'unité démocratique en Angleterre. Au contraire, le manque d'unité démocratique en Angleterre a été une véritable catastrophe pour la démocratie en France[58].

[58] *Labour Monthly*, janvier 1939, p. 44.

CHAPITRE 3

Le meilleur et le pire des temps, 1939-1947

En 1939, le 150e anniversaire de la Révolution française permet de renforcer les liens entre les traditions radicales britannique et française en dépit d'une conjoncture internationale qui apparaît de plus en plus défavorable. Alors que le *Daily Worker* publie un long entretien avec Maurice Thorez, Allen Hutt, dans un numéro spécial de *Labour Monthly*, salue « la Grande Révolution française » :

> Pendant que la réaction déchargeait sa bile sous la plume de Burke, et organisait une guerre d'intervention sous Pitt, tout en insultant ou dénigrant les dirigeants révolutionnaires [...] l'Angleterre démocratique répondait par les Droits de l'Homme de Tom Paine, organisait ses Corresponding Societies face à une persécution féroce, et puisait des forces nouvelles dans la guerre contre l'oligarchie et le privilège, lesquelles devaient ensuite s'étendre au chartisme et au-delà[1].

A. L. Morton, alors le premier historien du CPGB, insiste sur les liens entre les révolutionnaires français et les démocrates anglais :

---

[1] *Labour Monthly*, juillet 1939, p. 432.

> Il est très convenable qu'au moment où le peuple français fête le 150e anniversaire de leur Révolution glorieuse, en Grande-Bretagne nous fêtions le centenaire du chartisme. Car les chartistes sont les fils de la Révolution. L'année 1789 met en mouvement la suite d'événements dont la lutte consciente de la classe ouvrière pour le pouvoir politique était un résultat à la fois logique et inévitable. Les partisans de Marat auraient compris parfaitement les disciples de Feargus O'Connor et de Henry Vincent, et aujourd'hui ils se sentiraient tous chez eux parmi les communistes et les antifascistes[2].

Dans *Europe*, revue culturelle proche du PCF, E. E. Kellett insiste sur l'influence considérable de la Révolution française envers les poètes britanniques. Il s'intéresse en particulier au cas de Robert Burns, barde national de l'Écosse. Burns, affirme Kellett, « était un paysan des Lowlands écossaises, et il avait connu la plus extrême pauvreté. La nouvelle de la Révolution française fut pour lui comme un coup de foudre »[3]. Inspiré par les événements d'outre-Manche, Burns écrit *Scots wha hae*, une marche patriotique « qui est et restera la *Marseillaise* des Écossais ». En véritable jacobin, Burns, rappelle Kellett, depuis les gradins de son théâtre local « criait *ça ira* au théâtre, comme l'orchestre jouait le *God Save the King* » et « ne pouvait entendre prononcer le nom d'un aristocrate sans se répandre en injures dignes des sans-culottes »[4]. De même, Kellett signale les sympathies pro-révolutionnaires de William Blake, William Wordsworth et Robert Southey, même s'il plaint l'apostasie conservatrice de ces deux derniers.

---

[2] *Labour Monthly*, septembre 1939, p. 538.

[3] *Europe*, juillet 1939, p. 490.

[4] *Ibid.*, p. 491.

Malgré cette affirmation d'une histoire commune, les deux partis sont frappés de stupeur par le pacte germano-soviétique et l'éclatement de la Seconde Guerre mondiale. Harry Pollitt et John Ross Campbell, qui s'opposent à la nouvelle ligne « anti-impérialiste » du Komintern, sont limogés et remplacés par le très orthodoxe Rajani Palme Dutt. Le PCF s'avère plus discipliné, ce qui contribue au vote par la Chambre de députés en faveur de l'interdiction du parti. Des députés communistes sont arrêtés sous motif de trahison. Publiquement, en Grande-Bretagne, clandestinement en France, les communistes dénoncent une « guerre impérialiste » ainsi que les tendances « fascistes » à l'œuvre dans deux des dernières démocraties du monde occidental.

Contre la ploutocratie perfide

Le PCF est officiellement dissous le 26 septembre 1939. Son mentor du Komintern, Eugen Fried, s'installe à Bruxelles afin de diriger les opérations en Europe occidentale. Il est rejoint par les dirigeants français Jacques Duclos et Maurice Tréand. En France, ce qui reste de la direction est disloqué, et les effectifs du parti sont sévèrement réduits par la mobilisation militaire et un sentiment de désenchantement général. Le parti héroïque de 1936 se trouve réduit à quelques milliers d'adhérents. Le 1er octobre, Jacques Duclos demande que la France ouvre des négociations de paix avec Hitler, ce qui ne fait qu'accentuer la répression envers le parti. Le 4 octobre, Maurice Thorez déserte et se dirige vers Bruxelles, et de là jusqu'à Moscou. La « trahison » communiste semble se confirmer aux yeux des autorités françaises.

Le 26 octobre, *L'Humanité* re-paraît illégalement. Les changements dramatiques des deux derniers mois sont manifestes : les mots *nazi* et *hitlérien* disparaissent du vocabulaire du quotidien. Le 30 octobre 1939, l'organe du PCF se déclare « contre la guerre des capitalistes. Pour détruire la puissance des oligarchies, qui en sont responsables »[5]. Dans ce numéro, les remarques de Thorez sur la Grande-Bretagne sont dans la nouvelle ligne anti-impérialiste, présentant « la perfide Albion » comme ennemie de la France. Chaque fois que la France capitaliste a essayé de profiter de sa victoire en 1918, la Grande-Bretagne, d'après Thorez, a tout fait pour ménager l'Allemagne. Cette politique étrangère égoïste et destructrice aurait atteint son paroxysme avec l'hostilité de Londres envers la République espagnole. L'apaisement, in fine, n'a su conduire qu'à l'agression, explique Thorez, avant de conclure :

> Nous aimons le peuple anglais que nous ne confondons pas avec le gouvernement conservateur d'Angleterre, comme je le disais au banquet de la presse anglo-américaine en mai 1936. Nous aimons tous les peuples, nous ne confondons pas le peuple allemand avec ses maîtres du moment et nous agissons en défense du peuple français en ne voulant pas que la jeunesse de notre pays soit jetée en holocauste aux capitalistes anglais en lutte d'intérêts avec les capitalistes allemands. Nous souffrons de voir qu'un Daladier peut froidement sacrifier des vies françaises à des intérêts qui ne sont pas ceux du peuple de France[6].

Début novembre, Sam Russell, correspondant du *Daily Worker* à Paris, cherchant lui-même un refuge à Bruxelles, se voit offrir le scoop de l'année : une interview exclusive avec le

---

[5] *L'Humanité clandestine*, tome 1 (Paris : Messidor, 1975), p. 55.
[6] *Ibid.*, p. 51-53.

déserteur Thorez. En 1991, Russell raconte son rendez-vous secret avec le fils du peuple :

> Il fait déjà noir et il tombe une pluie battante. Je suis à côté de Tréand qui ne dit rien et nous roulons une heure jusqu'à un endroit que je n'ai jamais pu identifier, à l'extérieur de Bruxelles, en tout cas, probablement aux alentours d'une grande ville [Bruges]. On s'arrête finalement devant une maison : c'est là ! Nous entrons, je m'assois et je patiente quelques minutes. Thorez descend les marches de l'escalier, me salue, décontracté, presque guilleret, me dit qu'il a préparé des réponses, qu'il est prêt à me consacrer un moment autour d'un café, si j'ai d'autres questions. Je lis mon texte, qui est déjà dactylographié ; nous discutons, je prends pas mal de notes et, après une heure et demie, nous nous quittons[7].

L'interview est publiée à la une du *Daily Worker* le 4 novembre, sous le gros titre « Dirigeant français en fuite explique pourquoi on le chasse ». L'article fait scandale en France, amenant le député d'extrême droite, Pierre Taittinger, à déclarer à la Chambre : « À quoi bon interdire *L'Humanité* si la presse communiste anglaise est autorisée en France ! »[8]. En fait, le chef des renseignements britanniques, Roger Hollis, en vient à conclure que « sous les règlements actuels de la Défense et de la Censure, nous ne pouvons rien faire, et je ne crois pas qu'il soit désirable de tenter d'empêcher la publication de tels matériaux dans ce pays »[9].

---

[7] Guillaume Bourgeois, « Entretien avec Sam Russell », *Communisme*, 87, (2006), p. 16.

[8] *Ibid.*, p. 17.

[9] Kew : KV2/2168.

Des extraits de l'interview sont reproduits dans le septième numéro clandestin de *L'Humanité*, le 17 novembre (trois jours après le rapport de Thorez sur la situation française au comité exécutif du Komintern, à Moscou). Le journal est fier de citer la remarque de Russell que « jamais je ne vis Thorez plus confiant en son Parti, dans ses camarades et dans l'avenir du Peuple Français ». Le secrétaire général informe ses lecteurs que les forces de la réaction en France, y compris celles de Daladier et de la SFIO, sont exaspérées par la dénonciation communiste de leurs véritables intentions guerrières : « la destruction de la mère-patrie du socialisme, l'Union soviétique ». Thorez s'engage à continuer la lutte, affirmant qu'il a déserté afin de « rester à [s]on poste dans la guerre des classes »[10].

Ces attaques contre une guerre inter-impérialiste trouvent un écho dans la presse communiste britannique. Dans *Labour Monthly*, Richard Goodman décrit une « France sur le chemin du fascisme » :

> Quand le gouvernement de Chamberlain et la City de Londres versaient dans l'intrigue avec la réaction française contre le Front populaire français, les dirigeants du Labour Party et du TUC ne faisaient rien pour aider les forces populaires en France. Mais maintenant que le Front populaire a été brisé et que le PCF a été réprimé avec le secours des éléments réactionnaires au sein de la SFIO et de la CGT, maintenant que la guerre impérialiste a éclaté, une intersyndicale anglo-française – pour aider la bourgeoisie à poursuivre la guerre – a été fondée sans le moindre problème[11].

---

[10] *L'Humanité clandestine*, tome 1, p. 67-68.
[11] *Labour Monthly*, novembre 1939, p. 694.

Le *Daily Worker* informe ses lecteurs que « le démembrement de l'Allemagne est déjà discuté à Paris et à la Chambre des Communes »[12].

L'ambassade de France se préoccupe de la menace potentielle posée par un CPGB en opposition ouverte à l'effort de guerre et le gouvernement de Daladier. Le 16 novembre, l'ambassadeur soumet au Président du Conseil un rapport sur l'attitude de la police britannique à l'égard des communistes. Ses propos se veulent rassurants :

> Ce Parti est aujourd'hui complètement discrédité auprès des masses ouvrières. En effet, au début des hostilités, ce Parti a pris sur la question de la guerre une attitude franchement britannique et nationaliste. Il a conseillé à ses adhérents de s'engager dans l'armée anglaise pour lutter contre l'hitlérisme. Puis, lors de l'intervention russe, il a dû faire une volte-face subite : il dit maintenant qu'il faut faire la paix, car cette guerre poursuit des buts impérialistes. [...] Aujourd'hui, le Parti compte tout au plus 4 000 membres pour toute la Grande-Bretagne. Personne dans les masses ouvrières ne le prend plus au sérieux. Au sein même du Parti communiste, on dit que dans la présente guerre il y a deux sortes de lignes droites : la ligne Maginot et la ligne Siegfried et puis il existe une autre sorte de ligne, c'est la ligne du Parti communiste. [...] Avant la guerre, le Parti communiste était principalement financé par les Israélites de l'East End qui voyaient en lui une assurance contre l'antisémitisme en Angleterre. C'étaient en réalité des antifascistes qui finançaient et qui soutenaient le mouvement. L'entente de la Russie avec l'Allemagne a mis fin à cet état de choses. Le Parti communiste anglais se voit

---

12 *Daily Worker*, 15 novembre 1939.

> maintenant complètement dénué de ressources, et les impressions et les distributions de tracts sont maintenant devenues insignifiantes. [...] Le Parti communiste n'a jamais obtenu le moindre succès en Angleterre ; malgré toute son agitation bruyante et ses drapeaux rouges, il n'est parvenu jusqu'à présent qu'à faire élire un seul député communiste, M. Gallacher, et encore ce député est certain de perdre son siège aux prochaines élections.

La police britannique continue à suivre les activités du Parti communiste avec beaucoup d'attention mais « ne se propose pas de changer de politique à l'égard de ce Parti embryonnaire, qui ne pourrait devenir dangereux que si l'on cherchait à le réprimer »[13].

En décembre, après une rencontre parisienne entre Walter Citrine, dirigeant modéré du TUC, et Charles Pomaret, ministre du Travail, le *Daily Worker* accuse Citrine d'œuvrer secrètement à l'enrôlement de millions de syndicalistes anglo-français dans une guerre impérialiste. Toutefois, le comité intersyndical anglo-français, créé en octobre sous la direction de Citrine et Léon Jouhaux, aussi bien que leurs alliés socialistes et travaillistes, sont bien prêts à combattre les communistes des deux côtés de la Manche. Citrine décide de poursuivre en justice le *Daily Worker* pour diffamation et gagne son procès. De même, on sort un tract en anglais pour réfuter la propagande communiste britannique sur la situation en France :

> Pourquoi le gouvernement français choisit-il d'arrêter et de punir les communistes ? La réponse est simple : La PATRIE EST EN DANGER. Le Danger communiste est réel. Le Parti communiste français était grand –

[13] QO : 92CPCOM/268.

> grassement financé par Moscou – et complètement sous les ordres de Moscou. Le soutien communiste au Front populaire était une tromperie. En réalité, ce parti l'a saboté. Les travailleurs montrent le bon chemin, expulsant les communistes de la CGT. Les travailleurs ne veulent pas entendre la propagande de Staline. Ils considèrent les communistes comme la cinquième colonne de Hitler[14].

Dans un article, Paul Faure, cadre de la SFIO, dénonce le PCF comme « parti de la trahison » :

> Les communistes cherchent à tourner l'opinion publique française contre la Grande-Bretagne, à démoraliser les masses et l'armée afin de provoquer la désintégration morale et préparer une atmosphère de désordre. Après cela, sans doute, Hitler et Staline auront pour mission de restaurer l'ordre[15].

Pendant la drôle de guerre, le PCF tente de gagner la sympathie de soldats français et de leurs familles en prétendant qu'ils sont moins bien payés et nourris que leurs soi-disant alliés britanniques. Le 28 janvier 1940, *L'Humanité* contraste « menu anglais et rata français » : « La nourriture des troupes anglaises comporte hors-d'œuvre, jambon, viande et légumes, fruits, mais le soldat français doit se contenter d'un rata à peine plus varié que celui qu'on sert dans les prisons »[16]. Le 1er mai 1940, à la veille de l'invasion de la France, *L'Humanité du Soldat* continue à entretenir le ressentiment à l'égard des Britanniques :

---

[14] Archives du Labour Party, Centre for the Study of Labour History, Manchester (LP) : Middleton Papers, LP/JSM (INT) carton 7.

[15] *Ibid.*

[16] *Ibid.*, p. 118.

> De riches Anglaises insultent nos malheurs par leurs parades en uniforme. Leurs indécentes coquetteries mettent en évidence la soumission de la France envers les ploutocrates britanniques. Asservi économiquement, militairement et politiquement, *notre pays est transformé en « dominion » anglais*[17].

Le vitriol communiste n'épargne pas d'anciens alliés du Front populaire. En février 1940, sous le titre « Syntaxe », *L'Humanité* conseille à ses lecteurs : « Ne dites pas "le citoyen BLUM" mais dites : le *City*-oyen BLUM »[18]. En mars 1940, *Labour Monthly* publie une lettre d'Eleanor Marx en 1893 lue à un meeting de commémoration de la Commune de Paris, à Aberdeen. Allen Hutt en tire des leçons sur la situation actuelle :

> Pour la classe ouvrière de la France de Daladier, et pour le mouvement ouvrier de tous les pays, l'anniversaire aura une nouvelle et spéciale signification [...] quand nous nous souvenons de ce qui est arrivé en France depuis la motion adoptée à l'unanimité par le Reichstag de Daladier avec le soutien enthousiaste des socialistes de Blum[19].

Le 24 mai 1940, alors que des nouvelles désastreuses parviennent du front, le *Daily Worker* publie la traduction d'une déclaration du PCF, intitulée « Nous accusons » : « Nous accusons la bourgeoisie française d'avoir sacrifié les intérêts de notre peuple, les vies de millions d'ouvriers et de paysans français, afin de maintenir ses privilèges capitalistes et sa domination sur ses esclaves coloniaux ». De même, l'article dénonce « les monstrueuses stipulations du traité de Versailles, conclusion

---

[17] PCF : 3 MI 6/140.

[18] *L'Humanité clandestine*, tome 1, p. 120.

[19] *Labour Monthly*, mars 1940, p. 161.

impérialiste d'une guerre impérialiste », ainsi que l'occupation de la Ruhr, laquelle aurait alimenté la propagande chauviniste et attisé un désir revanchard envers l'Allemagne. Daladier, Bonnet, et Blum sont encore accusés, entre autres méfaits, d'avoir brisé le Front populaire, écrasé le peuple espagnol, rendu aux Allemands les usines Skoda de la Tchécoslovaquie, et saboté le pacte franco-soviétique. La déclaration conclut ainsi : « La trahison et ceux qui ont trahi le peuple doivent être balayés en commençant par ceux qui, comme Daladier, occupent les postes les plus élevés »[20].

Le 17 juin 1940, alors que Pétain déclare qu'« il faut cesser le combat », *L'Humanité* demande : « Est-ce que la Cité de Londres obtiendra la continuation du massacre de nos frères et de nos fils, pour permettre à l'Angleterre impérialiste, avec ses 40 millions d'habitants, d'en exploiter 400 millions ? »[21]. Quelques jours plus tard, Jacques Duclos et Maurice Tréand suivent la Wehrmacht à Paris dans une voiture affrétée par la diplomatie soviétique. Dès leur arrivée, la direction appelle à la fraternisation avec les troupes allemandes et prend contact avec l'ambassadeur du Reich, Otto Abetz, en vue d'une légalisation du PCF et de sa presse. Le parti dénonce l'appel à la résistance émanant de Radio-Londres. Le 1er juillet 1940, la une de *L'Humanité* affiche « PAS POUR L'ANGLETERRE »[22]. Trois jours plus tard, le journal soutient que le peuple français « demande d'énergiques mesures contre tous ceux qui, par ordre de l'Angleterre, impérialiste, voudraient entraîner à nouveau les Français dans la guerre. Il demande la conclusion d'un pacte d'amitié franco-soviétique qui compléterait le pacte germano-soviétique et serait la garantie de la paix en Europe. Il demande la conclusion d'un accord

[20] *Daily Worker*, 24 mai 1940.

[21] *L'Humanité clandestine*, tome 1, p. 169-170.

[22] *Ibid.*, p. 192.

commercial avec l'URSS en vue d'aider notre pays à surmonter ses difficultés de ravitaillement »[23]. Le 6 juillet, on prépare un numéro violemment anti-britannique de *Ce Soir*, en attendant l'autorisation de la *Propagandastaffel*.

Cependant, une telle attitude envers l'occupant consterne certains dirigeants communistes en province et même à Moscou : ces derniers dénoncent le risque de compromission du parti, lequel ne saurait éviter la répression par la collaboration. Le 17 juillet, sur l'ordre de Thorez, Moscou télégraphie à Paris de nouvelles directives :

> Était juste entreprendre démarches pour obtenir presse légale, mais entrevue avec Abetz faute, car danger compromettre Parti et militants [...] Préférable garder silence sur de Gaulle et ne pas mettre accent contre Angleterre afin de ne pas faciliter politique Pétain et ses protecteurs. Juste proposer entente avec l'URSS mais sans la présenter comme un complément pacte germano-soviétique et sans parler de pacification Europe[24].

Cela dit, le PCF reste résolument pacifiste. En janvier 1941, *L'Humanité* continue à s'acharner sur les adversaires dans ce conflit :

> Les premiers veulent se servir de l'Afrique du Nord comme base d'opération contre l'Angleterre et les seconds veulent se servir de cette même Afrique du Nord pour pousser leurs avantages contre l'Italie et partant contre les puissances de l'Axe. De toute façon, les deux solutions que

---

[23] *Ibid.*, p. 196.

[24] Cité dans Stéphane Courtois et Marc Lazar, *Histoire du Parti communiste français* (Paris : PUF, 1995), p. 175.

> les impérialistes offrent à la France, c'est la guerre, *la guerre sous le signe de la collaboration ou la guerre sous le signe d'une prétendue résistance à l'oppresseur*[25].

Les déclarations anti-britanniques, voire chauvines, du PCF pendant cette période ne sont pas réciproquées par le CPGB. Cependant, les deux partis partagent de nombreux éléments de langage. Dans le livre d'Ivor Montagu, *The Traitor Class*, publié après la chute de la France, le CPGB et le PCF dénoncent ensemble une « cinquième colonne » ploutocrate toujours prête à trahir « le peuple ». Dans un langage qui rappelle le sectarisme de la « Troisième Période » de « classe contre classe », on attaque en particulier la « complicité » du frère ennemi social-démocrate. Pour le *Daily Worker*, « Léon Blum et la SFIO ont participé aux attaques contre le PCF qui ont précédé sa répression »[26]. Les socialistes, comme les travaillistes, s'efforceraient d'« intensifier » la guerre, en essayant de l'étendre aux États neutres de l'Europe orientale et de la Scandinavie, tout en infligeant la répression et la misère à leur propre pays. En mai 1940, alors que Léon Blum s'adresse au congrès annuel du Labour, le *Daily Worker* offre cette « histoire brève » : « Membre de la famille de grands banquiers de la Maison Blum. Ami intime des grands réactionnaires de France. Profession, avocat, qui défend sans cesse les intérêts des deux cents familles de banquiers et d'industriels. Ennemi violent de l'Union soviétique »[27]. Cette brève s'accompagne de détails sur les nouvelles mesures répressives imposées aux ouvriers français. Dans *Labour Monthly*,

---

25 *L'Humanité clandestine*, tome 1, p. 331.

26 *Daily Worker*, 28 septembre 1939.

27 *Daily Worker*, 16 mai 1940.

F. Ruskin affirme que ces mesures sont introduites avec l'accord de Winston Churchill[28].

En même temps, le comité de secours antifasciste publie un pamphlet d'Isabel Brown, *What is happening in France ?*, qui attaque la « dictature fasciste » déjà en place à Paris. Des syndicats ont été interdits, les conditions de travail attaquées, la démocratie abrogée, la presse bâillonnée, et les exilés antifascistes parqués dans des camps de concentration dans le sud de France. Serait-ce bientôt le tour de la Grande-Bretagne ? Brown conclut : « Il existe des cercles ici qui veulent voir les mêmes mesures adoptées ici, et qui n'hésitent pas à présenter la France comme un exemple à suivre »[29].

Jack Lindsay donne une expression littéraire à cette analyse de la situation. Dans *Hannibal Takes a Hand*, écrit pendant la drôle de guerre, il évoque la situation à Carthage après l'échec d'Hannibal à conquérir Rome, alors que le héros défait se retourne désormais contre sa classe qui appelle les secours de l'ennemi romain. Selon Lindsay, « je symbolisais la trahison de la cause antifasciste par le gouvernement français et prophétisais la victoire de Hitler »[30]. Un autre roman de Lindsay, *We Shall Return*, évoque l'expérience de soldats britanniques dans le nord de la France pendant la drôle de guerre et jusqu'à l'évacuation de Dunkerque. Le roman paraît après l'entrée en guerre de l'Union soviétique, mais il véhicule l'image d'une France trahie par une cinquième colonne et sa propre apathie. Le contact entre les *Tommies* et le peuple français se limite au bistrot et au bordel.

---

[28] *Labour Monthly*, mai 1939, p. 292-3.

[29] Isabel Brown, *What is happening in France ?* (Londres : Anti-Fascist Relief Committee, 1940), p. 12.

[30] Lindsay, *Fanfrolico and After* (Londres : Bodley Head, 1962), p. 277.

Hugh Evans, héros shakespearien du roman, observe avec dédain l'indifférence de ses « alliés » :

> Une jeune fille descendait la rue, vêtue d'une robe bleue, elle avait les hanches guillerettes, et une grande bouche insolente et maladroitement écarlate ; dans ses talons aiguilles, elle négociait avec soin les pavés boueux. Le soleil semblait lâcher des oiseaux blancs de ses mains. De toute évidence, se disait-il, elle était trop occupée à se maquiller pour prendre conscience de la panique semée par les nouvelles venant du front[31].

L'entente entre Français et Britanniques semble peu cordiale. Dans un bistrot, la guerre en Finlande provoque une conversation politique où la patronne exprime des opinions réactionnaires :

> « Qu'est-ce qu'elle dit, Hugh ? » demanda George, anxieux.
>
> « Elle dit que sa sœur est au Canada, et elle veut savoir pourquoi nous persécutons les religieuses en Angleterre. »
>
> « Dis-lui qu'on ne fait pas ça », pria George.
>
> « Elle dit que les juifs sont derrière tout ça. »
>
> « Vraiment ? » demanda George, étonné.
>
> « Elle dit que l'Angleterre est gouvernée par les juifs »[32].

Effectivement, les murs du village sont peinturlurés de croix gammées et autres slogans antisémites.

---

[31] Lindsay, *We Shall Return. A Novel of Dunkirk and the French Campaign* (Londres : Andrew Dakers, 1942), p. 28-29.

[32] *Ibid.*, p. 69.

Las d'un monde qu'il considère moribond, Hugh accueille avec joie la nouvelle de l'invasion du Danemark et de la Norvège : « Regardant cette ville française suffisante, dont chaque brique semblait provenir des vices et des vertus de la petite bourgeoisie française, il était certain que ces murs allaient tomber et révéler la peureuse petite famille croupie à l'intérieur »[33]. Plus tard dans le roman, alors que l'invasion de la France commence, provoquant l'exode de la population civile, les soldats britanniques deviennent de plus en plus convaincus que ce mouvement de population « n'est pas causé par une panique aveugle mais par une panique délibérément encouragée et intensifiée par une cinquième colonne et des agents fascistes. Plus tard, ils entendirent des histoires des cyclistes inconnus qui précédaient l'avancée allemande. Ces derniers allaient de village en village pour raconter aux habitants des choses effrayantes et les inciter à s'enfuir »[34].

En 1940, Modern Books publie une traduction anglaise de *Regards soviétiques sur la Chute de la France*, d'Ilya Ehrenbourg. Dans sa préface, Sylvia Townsend Warner écrit : « De l'autre côté de la Manche, les falaises de craie de la France nous rappellent que nous faisions partie du continent européen. Nous ne sommes pas assez insulaires pour ignorer les leçons de ce qui vient d'arriver dans un pays si proche de nous à la fois en matière de développement et de structures sociales »[35]. Pour l'auteur soviétique, la France d'avant 1939 avait vécu dans une indifférence nonchalante : « Pour les actes et les délinquances des "Croisés", le peuple français, splendide, courageux et naïf, paie

---

[33] *Ibid.*, p. 105.

[34] *Ibid.*, p. 285.

[35] Il y a Ehrenbourg, *The Fall of France seen through Soviet eyes* (Londres : Modern Books, 1940), p. 4.

maintenant le prix... »[36]. Paris est désormais une ville morte et la France « un pays sans peuple »[37]. Cependant, Ehrenbourg reste optimiste : « L'histoire d'un grand people, qui a donné au monde 93 et la Commune, Stendhal et Hugo, Delacroix et Courbet, ne peut se terminer sur le vote de Vichy »[38].

L'interprétation communiste des raisons qui ont conduit à la chute de la France tranche avec le point de vue des socialistes français. En juillet 1940, un Français anonyme réfugié à Londres analyse pour le Labour Party « les causes sous-jacentes du grand effondrement ». Certes, la bourgeoisie avait été « dévorée par son esprit de classe ». Mais le pacifisme et le défaitisme n'étaient pas justifiés pour autant :

> Pour nous réfugiés, qui avons été accueillis par nos frères britanniques d'une manière si touchante, il n'y a qu'un seul devoir : celui de travailler et combattre à leurs côtés comme des soldats pour la même cause. Dites la vérité au peuple français, au peuple français maintenant exposé au poison de la propagande mensongère. Montrez-leur que c'est l'Angleterre de la Magna Carta qui se bat aujourd'hui pour la France des Droits de l'Homme, et qui va vaincre[39].

Dans leur propagande, les communistes français, comme leurs homologues britanniques, se concentrent sur la lutte des classes et les revendications économiques plutôt que sur la guerre contre l'Axe. La direction française suit avec grand intérêt les conflits sociaux d'outre-Manche. Dans un rapport du 13 janvier, « Simon » écrit :

---

[36] *Ibid.*, p. 10.

[37] *Ibid.*, p. 26.

[38] *Ibid.*, p. 31.

[39] LP : Middleton Papers, carton 7.

> À propos de revendications ouvrières, vous savez que les mécaniciens ont introduit une demande d'augmentation de salaires contre les dirigeants des Trades-Unions. De plus, le journal du parti communiste anglais est poursuivi par Citrine pour avoir révélé qu'au cours de la dernière réunion syndicale franco-anglaise, Jouhaux demanda aux Anglais de faire en sorte qu'il n'y ait pas d'augmentation de salaires en Angleterre sans quoi il ne se sentait pas en mesure d'empêcher en France le dépôt de revendications analogues ; c'est pourquoi il faudrait suivre de près ce qui se passe dans les usines[40].

Le même mois, *L'Humanité* salue les ouvriers anglo-saxons qui combattent « les ploutocrates de tous les pays » : « BRAVO, CAMARADES GRÉVISTES. Il y a des grèves en Amérique et en Angleterre. Les ouvriers de ces pays défendent leurs droits de travailleurs. La sympathie des ouvriers français leur est acquise »[41].

L'antifascisme retrouvé

Depuis la fin de 1940, pourtant, plusieurs signes annoncent le ralliement du PCF à la lutte contre le fascisme. Le 11 novembre 1940, des étudiants communistes participant à une marche patriotique sur l'Arc de Triomphe. Début 1941, le terme *nazi* revient dans la presse du parti, et en mai-juin, sous la direction d'Auguste Lecœur, le bassin minier du Nord est paralysé par une grève générale qui adopte rapidement un ton anti-allemand dans une région où les souvenirs de l'occupation de 1914-18 restent très vifs. Le mécontentement croissant causé par l'occupation, et

---

[40] PCF : 3 MI 6/139.

[41] *L'Humanité clandestine*, tome 1, p. 322.

la détérioration des relations entre Moscou et Berlin, favorisent un changement de ligne. Le 22 juin, l'Opération Barbarossa clarifie brutalement la position communiste et chasse les doutes de beaucoup d'antifascistes. Le parti se lance dans la lutte armée contre l'occupant et ses collaborateurs, déclenchant un cycle d'attentats et de représailles – notamment l'exécution de cinquante otages, dont le jeune communiste Guy Môquet, à Châteaubriant en octobre 1941. Bientôt, l'ancien parti de la neutralité s'autoproclame « parti des fusillés ».

Le 17 juillet 1941, *L'Humanité* accueille avec enthousiasme l'accord entre Staline et Churchill. Le 11 septembre, le journal fait l'éloge d'un homme qu'on avait conspué auparavant comme ennemi réformiste des ouvriers :

> Au récent congrès des Trade-Unions britanniques, Walter Citrine a proposé la création d'un comité syndical anglo-soviétique. C'est avec joie que les travailleurs de tous les pays saluent la constitution de ce comité qui coordonnera les efforts des travailleurs anglais et soviétiques dans la lutte à mort qui est livrée au fascisme allemand, ennemi de la civilisation[42].

En octobre, le journal commémore les accords de Munich, passe sous silence le pacte germano-soviétique et fait l'éloge d'une nouvelle Résistance :

> Ce qu'il faut, c'est l'union et l'action du peuple français aux côtés des autres peuples asservis, aux côtés des Anglais, aux côtés des troupes de De Gaulle, et aux côtés des héroïques soldats de l'Armée rouge. L'heure de la revanche des peuples approche à grands pas[43].

---

[42] *L'Humanité clandestine*, tome 1, p. 469-470.

[43] *Ibid.*, p. 477.

L'*intelligence service* britannique commence à s'intéresser au rôle croissant du PCF dans la Résistance. Déjà en juillet 1941, on demande à Roger Hollis s'il compte s'opposer au plan qui propose d'envoyer Raymond Guyot, André Marty et Maurice Thorez dans la zone libre. Pour Hollis, « il faut éviter de prendre une décision hâtive »[44]. Signe des préoccupations des services secrets concernant les intentions du leader du PCF, en mars 1943, on emprunte à la bibliothèque publique du quartier un exemplaire de *Fils du peuple*.

Cette résurrection spectaculaire du PCF attire également l'attention des socialistes français exilés en Grande-Bretagne. Ils produisent pour le sous-secrétariat international du Labour Party un « mémorandum sur la propagande visant la France ». La France, remarquent ses auteurs, traverse une période révolutionnaire : « Les vieilles habitudes, comme les vieilles institutions, ont été rayées de la carte, et la grande majorité des hommes politiques, de tous bords, ne joueront plus un rôle dans la vie publique de la France. La France repartira à zéro, construisant un nouveau système politique et économique ». Une révolution fasciste est possible, mais on ne peut exclure le scénario d'une révolution communiste. Ce dernier scénario aurait trois conséquences : « 1) elle empêcherait un régime authentiquement démocratique de prendre racine en France ; (2) elle diviserait totalement la France et entraverait ainsi la lutte contre l'Allemagne ; (3) elle rendrait la paix en Europe beaucoup plus difficile, la France étant le bastion soviétique en Europe occidentale, et hostile à toute union avec la Grande-Bretagne ». La seule solution serait donc une révolution socialiste et

---

[44] Kew : KV2/2168.

démocratique à laquelle se rallieraient libéraux, catholiques et patriotes[45].

Du côté communiste, cependant, le peuple britannique prend sa place dans l'union sacrée contre le fascisme. Le Daily Worker League publie un pamphlet en français en hommage à Gabriel Péri, ancien correspondant de Londres de *L'Humanité*, fusillé par les nazis le 15 décembre 1941. William Rust, dernier directeur du quotidien britannique (interdit depuis janvier 1941 à cause de sa ligne éditoriale pacifiste), y écrit : « Nous admirons l'homme, le leader, le journaliste. Il n'appartient pas à la France seule, mais aux peuples de tous les pays. Sachons, et surtout ceux qui luttent contre la suppression injuste du *Daily Worker*, prendre exemple sur la vie de Gabriel Péri »[46].

En mai 1942, *L'Humanité* s'approprie Jeanne d'Arc, héroïne de la Révolution nationale pétainiste. Le journal la présente comme précurseur de la Résistance. L'évêque Cauchon, qui l'avait fait brûler sur ordre de l'occupant, anticipe les collaborateurs d'aujourd'hui : Laval, Pétain et Darlan[47]. La Pucelle est donc redéfinie comme une paysanne patriotique et antifasciste, sans – naturellement – mentionner son opposition à l'envahisseur anglais.

La presse communiste clandestine diffuse aussi des messages de solidarité en provenance de la Grande-Bretagne. Le 20 novembre 1942, *Le Franc-Tireur* publie un message du National Union of Railwaymen aux cheminots français, force clé de la Résistance aussi bien que victimes inévitables des bombardements alliés :

---

[45] LP : Middleton Papers, carton 7.

[46] William Rust, *Gabriel Péri* (London : Daily Worker League, 1942), p. 6.

[47] *L'Humanité clandestine*, tome 2 (Paris : Messidor, 1975), p. 35-36.

> Nous connaissons votre sort, nous savons combien vous le supportez. Vous subissez aussi hélas les attaques des avions alliés contre vos machines utilisées par l'ennemi. [...] Gardez bon courage, camarades français, on travaille dur dans notre camp et le jour de la liberté approche[48].

Le 1er mai 1943, le PCF diffuse un message de la National Union of Students (NUS) aux étudiants français :

> Nous savons que ce jour vous trouvera à vos postes, dans les Universités et dans les groupes de Francs-Tireurs, luttant à chaque instant contre l'envahisseur étranger qui a dévasté votre pays. Dès le début, les étudiants de France ralliés autour de la bannière du général de Gaulle, se sont révélés parmi les plus âpres combattants contre les occupants allemands. Nombreux sont les étudiants qui ont volontairement sacrifié leur vie pour libérer leur patrie, tels Guy Môquet – âgé de 17 ans – et tant d'autres. [...] Étudiants, nous sommes fiers de vous saluer en vous des camarades ! Une immense responsabilité incombe au peuple britannique à l'heure actuelle [...] Nous ne trahirons pas la confiance que vous nous accordez, étudiants de France et d'Europe[49].

Le message rapporte que lors de son congrès d'avril, la NUS a appelé à l'invasion immédiate de l'Europe occidentale, ainsi qu'à la formation militaire des étudiants et à leur enrôlement comme travailleurs pour l'effort de guerre. Les étudiants britanniques se sont résolus à étudier pendant l'été en anticipant l'ouverture d'un second front.

---

[48] PCF : 3 MI 6/142.

[49] PCF : 3 MI 6/143.

Le tournant de juin 1941, et la revendication d'un second front affectent l'œuvre de Jack Lindsay, alors officier dans l'armée britannique. En octobre 1942 paraît son long poème *Into Action*, qui évoque l'expédition (désastreuse) de commandos à Dieppe. Lindsay y écrit : « Dieppe et Stalingrad sont une seule bataille/Contre les seigneurs de l'avarice et du pouvoir délirant »[50]. Contrairement à *We Shall Return*, Lindsay donne une image beaucoup plus positive des Français. Ainsi, « un petit gamin français/court à travers les ruines puantes/met son béret bleu sur un bâton à l'angle de la rue/pour voir s'il y a des snipers »[51]. Aux côtés des commandos canadiens et des joueurs de cornemuse du régiment écossais des Cameron Highlanders se trouvent des combattants de la France libre en casquettes à pompons. Ceux-ci retrouvent avec joie le sol de la patrie : « En débarquant, je me suis dit : regarde ce goéland/C'est un goéland français, et mon moral a pris son essor »[52]. Dans les derniers vers du poème, les alliés, bien que vaincus, déclarent : « Nous reviendrons. Nous sommes enracinés dans ce conflit/Ces falaises sont à nous. Les peuples d'Europe se tiennent/Sur cette ligne de partage entre espoir et peur/À attendre notre cri »[53].

Nancy Cunard, qui travaille comme traductrice pour la Résistance française à Londres, dirige un recueil de poésie, *Poems for France*, publié par La France Libre en 1944. Certes, on y trouve des contributions de poètes rouges tels que Alex Comfort, Jack Lindsay et Sylvia Townsend Warner, mais Cunard a rassemblé un florilège plus large : aux côtés des communistes se trouvent également des vers de Lord Vansittart, diplomate

[50] Lindsay, *Into Action. The Battle of Dieppe* (Londres : Andrew Dakers, 1942), p. 49.
[51] *Ibid.*, p. 52.
[52] *Ibid.*, p. 55.
[53] *Ibid.*, p. 59.

francophile, C. A. Alington, Doyen de la cathédrale de Durham, Herbert Read et Vera Sackville-West. Le poème le plus saisissant de l'anthologie est sans doute « La chute de la France » de Hugh MacDiarmid, dédié au Professeur Denis Saurat, directeur de l'Institut français de Londres :

Cette histoire terrible de la chute de France

Sera aux hommes libres dans les années à venir

Comme la sombre histoire de la Commune,

Ce terrible écho d'autrefois qui faisait bourdonner nos oreilles

Pendant les journées du Reichstag, les journées de Vienne,

Et depuis l'Octobre des Asturies,

Elle est auréolée de lumière.

Sans l'expérience de la Commune

Les ouvriers russes auraient-ils marché

À la victoire des Soviets ?

[...]

Les balles de Galliffet n'ont pas tué Marie-Rose,

Elles n'ont percé qu'une seule Marie-Rose.

Marie-Rose est immortelle comme la classe,

Mille fois décimée, qui porte

L'étendard de l'humanité dans la lumière de l'avenir.

[...]

Je garde donc ma foi en la France d'aujourd'hui

Comme une boîte tient le compas d'un bateau,

Tanguant sous et autour de lui, mais le tenant

Dans les airs, miraculeuse, seule[54].

En retour, les Britanniques ne tardent pas à découvrir la poésie de la Résistance française. En juillet 1942, dans le *New Statesman*, sous le titre « Ici la voix de la France », Raymond Mortimer écrit un article enthousiaste sur *Le Crève-cœur* de Louis Aragon. Dès l'automne de 1942, les œuvres de plusieurs autres écrivains patriotiques français, dont Paul Éluard, Vercors et Pierre Emmanuel, commencent à être connues en Grande-Bretagne. Aragon voit un certain nombre de ses poèmes radiodiffusés par la BBC, comme l'a été, en mai 1942, son récit de l'exécution des otages de Châteaubriant[55]. Plus remarquable encore, des bombardiers de la Royal Air Force vont même lâcher sur la France occupée des exemplaires du « Liberté » d'Éluard.

Brouillards londoniens

Le 1er décembre 1942, le Komintern autorise le PCF à élargir son réseau d'alliances et à envoyer un représentant à Londres. Son premier émissaire est Fernand Grenier, ancien député de Saint-Denis, qui a eu la chance de s'évader de la prison de Châteaubriant en juin 1941. Le comité central le charge d'établir des relations avec la France combattante. En janvier 1943, accompagné de l'agent gaulliste Gilbert Renault (Colonel Rémy), Grenier voyage à Londres avec des lettres du comité central et de Charles Tillon, commandant des FTP. À son arrivée, il rencontre de Gaulle et donne une conférence de presse. Grenier déclare au

---

[54] Nancy Cunard (dir.), *Poems for France* (Londres : La France Libre, 1944), p. 75-76.

[55] Voir John Bennett, *Aragon, Londres et la France Libre* (Paris : L'Harmattan, 1998).

Daily Worker (désormais rentré dans la légalité) : « Dans la vie politique de la France d'aujourd'hui, il n'y a ni "droite" ni "gauche". On est soit pro-boche et pro-Vichy soit anti-boche, anti-Vichy et un partisan sans réserve du mouvement du général de Gaulle »[56]. Une semaine plus tard, dans un petit club londonien, un reporter du *Daily Worker* entend Grenier raconter l'histoire émouvante du combat qui oppose les Français contre les nazis. Pendant plusieurs mois après son évasion, Grenier a survécu dans un appartement sans chauffage avec une provision de carottes, navets, et laitue. Avec ses camarades, il a connu la clandestinité et la torture[57]. Enfin, il livre au quotidien communiste le souvenir de ses camarades fusillés à Châteaubriant, parmi lesquels Guy Môquet et Jean-Pierre Timbaud[58].

Cependant, malgré les exploits héroïques de la Résistance, Grenier s'inquiète des intrigues anti-gaullistes à Alger, où le général Giraud se présente comme une alternative à la France combattante. Dans un autre entretien avec le *Daily Worker*, Grenier affirme que certaines personnes d'influence veulent chasser les Allemands de France mais conserver une certaine forme de fascisme. Cette cinquième colonne expliquerait la lenteur des procédures de libération des députés communistes et de l'abolition de la législation antisémite en Algérie[59].

Néanmoins, le 26 février 1943, Grenier semble de très bonne humeur dans une lettre qu'il adresse à André Marty, l'un des dirigeants du PCF restés à Moscou :

---

[56] *Daily Worker*, 15 janvier 1943.

[57] *Daily Worker*, 21 janvier 1943.

[58] *Daily Worker*, 8 février 1943.

[59] *Daily Worker*, 25 février 1943.

Malgré les trente mois difficiles qui viennent de s'écouler et les dures privations, je n'ai selon le docteur, rien de cassé : beaucoup de suralimentation et ce sera... *karacho* ! Mais quel admirable Parti nous avons et comme nos hommes se sont bien tenus devant l'ennemi ! J'ai vécu neuf mois avec nos pauvres copains de Châteaubriant et je ne saurais assez dire quelle pureté il y avait en eux et quels beaux types d'hommes ils faisaient.

Dans sa lettre, Grenier décrit à Marty le contenu de sa contribution à la propagande résistante à Londres, à commencer par ses activités au sein de BBC Radio-Londres : « Chaque soir, 10 ou 15 millions de Français sont à l'écoute. J'ai beaucoup parlé et les Anglais me consultent assez souvent car ils me considèrent comme "très réaliste" et j'agis avec beaucoup de tact envers eux ». Grenier réussit à obtenir deux auditions importantes aux émissions de la BBC : une incitation à la rébellion pour les appelés du STO et une mention régulière des activités des FTP.

Par ailleurs, Grenier publie deux articles dans l'hebdomadaire *La Marseillaise*, « Mes camarades de Châteaubriant » et « Francs-Tireurs et Partisans ». Il écrit à Marty : « Ils ont eu un retentissement considérable chez les meilleurs éléments de la France Combattante. Le *Daily Worker* les a repris en anglais ». Grenier s'efforce de sensibiliser les Britanniques à l'activité de la Résistance : « Outre les articles déjà parus dans le *Daily Worker*, j'ai donné une relation de notre travail au Comité Central du Parti britannique, publié un article dans *Reynolds Views* (tirage 600 000 exemplaires), parlé devant les étudiants de Cambridge (les 300 présents ont chanté *La Marseillaise* à l'issue) ». De même, Grenier contribue à un pamphlet, *France Resurgent*, publié par le Socialist Vanguard Group, où le représentant du PCF présente son parti comme un résistant de la première heure et comme le seul parti patriotique et antiallemand actif dans la France occupée. En fait, *France Resurgent* illustre aussi la grande alliance de la Résistance à cette époque : parmi les auteurs, nous trouvons Albert Guigui, délégué à Londres de la CGT, Félix Gouin, délégué du Comité d'Action Socialiste en France, et le syndicaliste chrétien Léon Marandat.

Cependant, malgré des développements encourageants, Grenier indique à Marty ses difficultés de communication avec le comité central du parti en France : « Je n'ai pas de liaisons directes et il faut que mes télégrammes et mes lettres passent par l'organisation de De Gaulle ». Mais il semble optimiste sur l'avenir des relations entre le PCF et le chef de file de la France combattante : « Je sais que dans un dîner récent, comme on lui demandait ce qu'il pensait des divers éléments de la résistance française, il déclara : Les communistes seuls agissent ; les autres bavardent ! »[60].

Après cette lettre à Marty, Grenier s'adresse à la colonie française de Warrington, « centre ouvrier », puis, à Liverpool, à un grand meeting franco-britannique co-organisé par le Syndicat des Marins français et le parti travailliste. Il donne une conférence à l'université d'Oxford et assiste à un bal des Brigades internationales. Au Kingsway Hall, à Londres, Grenier s'adresse à un meeting qui marque le 1000e jour de résistance française. Autre étape de son intégration à la vie britannique, il commande un nouveau costume, bien que les renseignements britanniques notent qu'il « est devenu plutôt impopulaire dans les cercles communistes d'Angleterre à cause de son attitude bourgeoise.

---

[60] PCF : 3 MI 6/142.

Quand on l'appelle "camarade", il insiste qu'on utilise "monsieur" »[61].

Le 17 mai 1943, dans une autre lettre à Marty, Grenier dresse une liste de la documentation qu'il a réunie pour Moscou. Cette dernière contient des articles de *La France combattante*, des documents volés à Vichy, aussi bien que des journaux tels que *Combat* et *La France libre*. Pourtant, en ce qui concerne l'Afrique du Nord, il écrit que « je n'ai pas encore reçu un mot écrit des camarades », même si « je sais aussi que le mouvement syndical s'est puissamment développé [en Algérie] ». Les informations en provenance d'Alger rapportent des luttes intestines entre résistants, notamment entre les généraux Giraud et de Gaulle ainsi que « de nombreuses manœuvres de tous genres qui s'exercent pour empêcher le général de Gaulle de se rendre à Alger et d'y constituer le Gouvernement provisoire que réclament tous les groupes de la résistance sans exception, désormais réunis dans le Comité Central de la Résistance constitué sur le sol national ». Il commente sur la qualité des émissions de Radio-France, basée à Alger, qui ne représente pas encore toute la diversité de la Résistance[62].

Mais si le secrétariat du PCF apprécie les interventions radiophoniques de Grenier, en particulier ses conseils sur l'activité clandestine, il s'inquiète des programmations de la BBC :

> La BBC parle de la lutte des partisans dans les Balkans, mais jamais de la lutte en France et les Français qui sont très chatouilleux et on peut dire hypersensibles, dans la période actuelle, essaient de trouver des raisons de ce

[61] Kew : KV2/2168.
[62] PCF : 3 MI 6/142.

> silence qui, en fait, aboutit à réduire, on ne sait pourquoi, la place de la France dans la lutte commune contre l'ennemi commun[63].

Grenier lui-même plaint le manque de soutien britannique à la lutte armée en France. « Est-ce que les alliés arriveront trop tard ? », demande-t-il au congrès du CPGB en juillet 1943, tout en affirmant le 14 juillet dans *Daily Worker* que la France « est prête à bondir »[64].

Quelques semaines plus tard, après la prise de pouvoir de De Gaulle en Afrique du Nord et le limogeage de Giraud, Grenier est muté à Alger comme commissaire du Comité français de la Libération nationale (CFLN). Il est remplacé à Londres par Waldeck Rochet, futur secrétaire général du PCF. Accompagné d'Émile Cossonneau, Rochet voyage de Marrakech à Londres le 22 octobre 1943. Il prend un bureau au commissariat de l'Intérieur, à Hill Street, avant de se faire tailler un costume de qualité, et de se lancer dans un programme de travail très chargé. Il crée des affinités variables avec d'autres membres de la délégation française, dont les gaullistes Emmanuel d'Astier et Georges Boris, aussi bien que Raymond et Lucie Aubrac et les socialistes du Groupe Jean Jaurès. Rochet est également en contact régulier avec le CPGB aussi bien que les comités de libération autrichien et tchécoslovaque. Il a une rencontre brève, mais rétrospectivement très importante, avec François Mitterrand : leurs bonnes relations personnelles aideront le rapprochement entre socialistes et communistes pendant les années soixante.

---

63 PCF : 307 J 154.

64 *Daily Worker*, 14 juillet 1943.

Selon son biographe, Jean Vigreux, « l'activité de Rochet à Londres est surtout marquée par ses discours à Radio-Londres »[65]. Il parle tous les quinze jours, pendant cinq minutes, donnant les mots d'ordre du PCF. Son premier discours, le 6 novembre 1943, traite de la situation en Afrique du Nord, où il annonce qu'une armée française de 500 000 hommes est prête à combattre aux côtés des patriotes de la Résistance. Dans un de ses derniers discours, le 2 juillet 1944, Rochet exhorte les paysans français à saboter le ravitaillement de l'occupant.

Pourtant, l'unité de la Résistance a ses limites. À juste titre, Rochet est convaincu que ses discours sont censurés par les Britanniques et les gaullistes, en particulier par Maurice Schumann. Certains de ses discours ne sont même pas diffusés. Dans une lettre du 7 janvier 1944, Rochet décrit à Grenier les débats qui opposent les résistants londoniens sur la nature de la lutte qu'il convient de mener en France. Rochet doit se battre pour diffuser des appels à une grève générale et une insurrection populaire : « J'ai réfuté point par point la théorie attentiste et expliqué pourquoi il fallait appeler des grèves revendicatives actuelles, les encourager et donner des directives générales précises pour la préparation de la grève insurrectionnelle »[66]. Sur cette question, Rochet reçoit le soutien décisif de Georges Boris, bien que Jean-Jacques Mayoux maintienne son opposition. Effectivement, les réserves des gaullistes et des autorités britanniques sur des actions « prématurées » contre l'ennemi s'expriment dans de nombreuses émissions de la BBC, où Schumann prêche les vertus d'« un sabotage prudent et perlé »[67].

---

[65] Jean Vigreux, *Waldeck Rochet. Une biographie politique* (Paris : La Dispute, 2000), p. 133.

[66] PCF : MI 6/142.

[67] Cité dans Bennett, p. 72.

Même la publication du roman de Vercors, *Le Silence de la mer*, dans *La Marseillaise*, semble cautionner la résistance *passive* à l'occupant. Dans sa lettre à Grenier, le délégué communiste explique également qu'il a dû se battre pendant une semaine entière pour faire autoriser un autre discours :

> C'est le passage citant l'appel que notre Parti a fait dès la constitution du Front de la Liberté et de l'Indépendance et de la Renaissance française qui a provoqué les plus grosses réserves. On voudrait dans certains milieux accréditer la légende que les communistes n'ont commencé la lutte contre l'envahisseur qu'à partir de juin 1941. J'ai réagi très vigoureusement contre cette falsification de la vérité et en fin de compte mon allocution passera, avec une semaine de retard, avec quelques retouches qui ne changent rien au fond.

Rochet conclut : « Je m'adapte le mieux possible à ma nouvelle situation, en espérant toutefois que le second front, qui ne saurait tarder, me délivrera des brouillards londoniens »[68].

Mais les brouillards ne se dissipent qu'avec lenteur. Il est toujours difficile de maintenir le contact avec Thorez à Moscou, Duclos à Paris et Marty en Algérie. Le 19 novembre 1943, Rochet envoie un télégramme à Alger : « Radio-France toujours difficile à entendre en France et ici à cause puissance insuffisante et brouillage stop »[69]. Le 3 janvier 1944, le comité central envoie un message inquiet à Rochet : « Nous voyons se dessiner dans certains milieux des campagnes anticommunistes que nous sommes bien décidés à dénoncer comme autant de manœuvres

---

[68] PCF : 3 MI 6/142.

[69] *Ibid.*

faisant le jeu de l'hitlérisme »[70]. La mort dans un accident aérien d'« Émile », envoyé du PCF, éveille les pires soupçons chez Rochet dans une lettre du 19 février 1944 : « Il est un peu inquiétant de constater qu'il y a autant d'accidents. Ensuite il y a lieu de remarquer que le deuxième passager, se trouvant avec Émile, Perrier, était également un communiste (non connu en principe comme tel, mais peut-être pas inconnu de tout le monde !) »[71].

Néanmoins, malgré ces incertitudes matérielle et politique, Rochet est optimiste dans son discours au comité central du CPGB le 19 décembre 1943 :

> Nous communistes français, nous nous réjouissons des progrès qu'a réalisés sous votre direction le Parti communiste de Grande-Bretagne, car nous voyons dans ce progrès le gage le plus sûr du maintien et du renforcement de l'amitié qui lie étroitement le peuple de France et le peuple de Grande-Bretagne.

Le sujet de son intervention concerne l'Afrique du Nord et les liens entre le parti et le gouvernement provisoire à Alger. Il remarque : « Il y a eu dans l'entourage du général de Gaulle des intrigues et des manœuvres tendant à écarter le Parti communiste. » Mais il parle avec confiance d'une future insurrection nationale contre l'occupant. La Libération de la France sera suivie de « la suppression de l'exploitation de l'homme par l'homme ». Pourtant, « pour aujourd'hui, ce qui doit passer au premier plan, c'est la lutte contre l'envahisseur et les traîtres »[72].

---

[70] PCF : 3 MI 6/144.

[71] PCF : 307 J 154.

[72] PCF : 3 MI 6/142.

Le 28 février 1944, Rochet rédige encore un rapport sur ses activités à Londres. La liste est longue et comporte la lecture et le rassemblement du courrier et autres documents à envoyer à Alger, des réunions hebdomadaires pour préparer les émissions radiophoniques, l'écriture de discours, articles et autres rapports sur l'Afrique du Nord à destination du Comité Central, ainsi que des prises de parole en public : « le 6 février, j'ai parlé dans un grand meeting de Dundee, et, à la fin de mars, je dois aller à Glasgow où je parlerai à nouveau de la lutte patriotique du peuple de France »[73]. Lors d'un rassemblement à la « veille de l'invasion » le 1er mai dans Trafalgar Square, il confie à une foule de 40 000 personnes les intentions unanimes du peuple français, qui, hormis une poignée de traîtres, est décidé à chasser l'envahisseur.

Les discours radiodiffusés de Rochet expriment la ligne du nouveau Front national, créé en France par les communistes : « S'unir, s'armer, se battre ! ». En même temps, les renseignements fiables qu'il reçoit de France l'amènent à être plus prudent dans ses appels à une insurrection immédiate. En juin 1944, il modère ses camarades algérois en leur conseillant de ne pas « précipiter l'insurrection nationale, car les maquisards ne sont pas assez armés »[74]. Le 15 juin, Rochet exprime de nouveau ses soucis : « Les patriotes, dédaignant les conseils d'attentisme, sont passés à l'action sur tout le territoire [...] mais le drame c'est que dans bien des cas ils ont épuisé leurs munitions et manquent d'armes, alors que les Allemands attaquent sauvagement ». Mais Rochet ne doute pas de la sympathie du peuple britannique pour la cause française : « Je fais des réunions de temps à autre. Dimanche dernier j'ai parlé à Manchester et à Oldham, dans des

---

[73] *Ibid.*

[74] Vigreux, p. 135.

meetings organisés par le Parti communiste britannique. Ça a été un succès ; en ce moment, les Anglais se passionnent pour la France »[75].

De la prestigieuse école privée de Rugby, Monty Johnstone, futur théoricien de l'eurocommunisme, adresse une lettre à Maurice Thorez, qui tombe inévitablement entre les mains de l'*intelligence service* :

> Cher Camarade,
>
> À l'occasion de ton anniversaire, j'envoie mes meilleurs vœux à toi et au glorieux parti communiste français. Que tu reçoives l'ordre d'aller à Alger et jouer ton rôle dans le mouvement patriotique à l'Assemblée nationale.
>
> Vive la France !
>
> Vive le parti communiste ![76]

Dans un pamphlet, Harry Pollitt, rétabli comme secrétaire général depuis juin 1941, salue le Jour J : « Enfin, le Second Front s'est ouvert [...] la fin du fascisme est proche [...] Le parti communiste est fier du travail incessant qu'il a fait pour l'adoption de cette stratégie [...] En aucun cas faut-il interrompre la production et les transports »[77]. Pour aider les Français et surtout les maquisards, les gouvernements britannique et américain doivent reconnaître immédiatement le gouvernement du général de Gaulle. Pollitt n'ignore pas les sacrifices de ceux qui œuvrent à l'ouverture d'un second front :

> Il faut s'arrêter pour un moment sur les pensées qui ont dû traverser les esprits des premières centaines de gars

---

[75] PCF : 307 J 154.

[76] Kew : KV2/2168.

[77] Harry Pollitt, *D Day* (Londres : CPGB, 1944), p. 2-3.

> britanniques qui, mardi matin, atterrissaient en parachute sur le sol français, ou débarquaient sur les plages françaises. [...] Ce serait des pensées solennelles sur la magnitude de leur tâche, une conscience que beaucoup d'entre eux ne vivraient pas pour atteindre leur but, mais aussi une confiance que d'autres le feraient et que les sacrifices des morts fourniraient une prise solide en France pour la libération finale de toute l'Europe de la barbarie fasciste[78].

Pollitt écrit également une introduction à la traduction anglaise du manifeste du PCF. Il réitère l'explication communiste de la débâcle de 1940 : « Aujourd'hui, il est universellement reconnu que la France a été trahie de l'intérieur, une victime d'une cinquième colonne nazie qui a pénétré les plus hauts cercles de l'industrie, de la finance, des institutions d'État et des forces armées du pays »[79]. De manière tout à fait contestable, Pollitt insiste également sur le rôle du PCF qui « a été la première voix à appeler à la résistance en France »[80]. Quant au manifeste, il mentionne Munich mais certainement pas le pacte germano-soviétique.

Cependant, la situation reste très changeante au cours de l'été 1944. Le 10 juillet, Rochet se plaint encore de la « censure » par la BBC en ce qui concerne l'insurrection nationale :

> Là comme ailleurs se manifeste la tendance à freiner la lutte du peuple français. On fait le silence sur certains résultats importants obtenus par les patriotes, par exemple, ce qui concerne l'occupation de villes et de territoire. On ne parle pas davantage des grèves, sauf si elles se déroulent à Copenhague.

---

[78] *Ibid.*, p. 7-8.

[79] *The Communist Party of France. Manifesto* (Londres : CPGB, 1944), p. 3.

[80] *Ibid.*, p. 3.

Il enverra une lettre de protestation au Directeur général[81]. Pourtant, Rochet continue à écrire des discours pour la BBC. Le 26 juillet, il fait un appel au personnel de surveillance des prisons et des camps de concentration. Le 5 août, son thème concerne la Bretagne et la libération de Rennes. Son dernier discours est diffusé le 19 août : « Partout l'ennemi est battu, partout il est débordé, submergé, mis en déroute, le moment est donc venu de l'achever et d'arracher la victoire avec rapidité »[82]. Fin août, Rochet quitte enfin les brouillards londoniens pour la Normandie, la Seine, et une capitale en pleine insurrection.

Une amitié fragile

Alors que la guerre entre dans sa dernière phase, des craintes de trahison accompagnent les espoirs de libération. Le 5 décembre 1943, *L'Humanité* annonce : « En Angleterre, le ministre socialiste de l'Intérieur, Morrison, a libéré le chef fasciste Oswald Mosley. Cette décision a soulevé de nombreuses protestations »[83]. Le 21 janvier 1944, le journal évoque des « bruits de pourparlers secrets entre Hitler et les Anglo-Américains », mais se rassure d'un démenti britannique concernant une conversation supposée avec Von Ribbentrop en vue d'une paix séparée : « ces bandits se trompent s'ils pensent qu'ils pourront se sauver comme se sauva Guillaume II après la guerre de 1914-1918. Il y a des canailleries dont les peuples sont bien décidés ne pas tolérer le renouvellement »[84].

Bien que les spéculations s'intensifient sur les intentions du PCF pour l'après-guerre, la lutte hégémonique entre gaullistes et

---

[81] PCF : 314 J 7.

[82] PCF : 314 J 154.

[83] *L'Humanité clandestine*, tome 2, p. 336.

[84] *Ibid.*, p. 353.

communistes reste subordonnée au combat commun contre l'occupant et ses collaborateurs. Le 21 août, à la veille de l'insurrection parisienne, *L'Humanité* déclare que « les Alliés doivent être reçus dans la capitale libérée par la levée en masse de ses fils » et s'exclame :

> Vive nos vaillants alliés anglo-soviéto-américains !
>
> Vive la République ! Vive notre grand Paris !
>
> Vive la France libre, indépendante et démocratique ![85]

Ainsi, la France résistante trouve sa place dans une alliance de guerre parvenue à son apogée.

Le *Daily Worker* salue le « triomphe de la France » : « Maintenant la gloire du mois d'août 1944 a effacé la honte de juin 1940. Paris s'est soulevé, armé et sans armes, et les citoyens, maîtres de leurs propres rues, accueillent leurs alliés libérateurs dans une ville lavée de nouveau par le sang de l'oppresseur ». Pour Sam Russell, la victoire couronne quatre années de lutte : « La terreur était en vain. Le mouvement de résistance s'accroissait de jour en jour, mené par le Parti communiste français, qui avait son QG au cœur de Paris. Ses dirigeants ne se sont pas enfuis à Bordeaux ni à Vichy »[86]. À Manchester – seulement quelques minutes après l'annonce de la Libération de Paris –, les cloches de la mairie et des églises retentissent.

Le 1er novembre 1944, Jacques Duclos, sorti de la clandestinité, accorde une interview au *Daily Worker*. En pénétrant dans le nouveau siège du parti, confisqué aux collaborateurs, Sam Russell est fouillé pour port d'armes, à cause de la présence présumée d'agents nazis. Le dirigeant du PCF se

---

[85] *Ibid.*, p. 369.

[86] *Daily Worker*, 24 août 1944.

révèle « un homme minuscule, pas plus de cinq pieds de hauteur, à la tête énorme et à la poignée de main d'ours polaire. Avec sa voix basse et agréable et son sourire rayonnant, il m'a fait penser à un *Old King Cole* [personnage de comptine] miniature ». Duclos lui dit de manière peu sincère : « Nous avons commencé à résister le jour de la signature de l'armistice en 1940. Nous préconisions la lutte armée dès le début ». En outre, Duclos « a rejeté la suggestion de certains que le soutien des communistes au général de Gaulle soit à vocation temporaire »[87]. Une année plus tard, dans un article sur Maurice Thorez, Russell maquille une nouvelle fois la vérité en affirmant que « Thorez et ses camarades sont restés en France, à organiser la première résistance vraiment efficace à l'envahisseur. Ce n'est qu'en 1943 que Maurice Thorez a quitté la France pour l'Union soviétique afin de participer aux discussions qui devaient mener à la dissolution de l'Internationale communiste »[88].

Mais si le courant de l'histoire se tourne inexorablement contre le fascisme, le CPGB entretient encore des rapports difficiles avec les autorités britanniques. Les services secrets suivent de près les activités de Waldeck Rochet et les contacts entre les partis communistes britannique et français. On signale que « depuis la libération de la France et le retour du gouvernement, le parti britannique a continué à aider les Français en publiant des pamphlets dans leur langue et en maintenant le contact avec Rochet ». En décembre 1944, Roger Hollis note que le CPGB « a arrangé la production de pamphlets pour le parti français et d'autres matériaux de propagande pour les autres

---

[87] *Daily Worker*, 1er novembre 1944.
[88] *Daily Worker*, 20 novembre 1945.

partis continentaux ». Hollis envoie une copie de ce rapport à son confrère Kim Philby (lui-même un agent soviétique)[89].

Fin 1943, le correspondant politique à Alger nommé par le *Daily Worker* est un camarade bien connu des renseignements britanniques depuis les années 1920 : Clemens Dutt. Le 29 octobre 1943, les services secrets interceptent une conversation entre le rédacteur en chef, Emile Burns, et Harry Pollitt : « Pollitt : C'est la meilleure chose qui puisse lui arriver. Burns : Ce sera une chose excellente, surtout avec la nouvelle Assemblée »[90]. Le 5 février 1944, Dutt envoie une dépêche de Brazzaville sur « l'ambiance progressiste » qui règne à la Conférence coloniale française. Selon Dutt, l'une des motions votées dans la capitale congolaise prévoit l'envoi d'une mission en URSS « pour étudier les méthodes soviétiques de promotion de ses régions périphériques. Aucune voix ne s'est levée en opposition »[91].

Par la suite, Dutt est accrédité comme correspondant de guerre avec les forces françaises engagées dans le débarquement en France méridionale, une décision surprenante quand on sait que le *Daily Worker* est interdit auprès des troupes débarquées en Normandie. Le 18 août 1944, le journal publie des nouvelles de Clemens Dutt, « notre correspondant avec le Maquis ». « Dans sa dernière dépêche », le journal rapporte, « [Dutt] décrit la grande joie des territoires libérés. Il raconte l'histoire dramatique de parachutistes américains rejoignant le Maquis pour vaincre les Allemands et donne un témoignage oculaire d'une opération de nettoyage »[92]. Cependant, Dutt est rapidement rappelé à Rome

[89] Kew : FO 371/42 131.

[90] Kew : KV2/2505.

[91] *Daily Worker*, 5 février 1944.

[92] *Daily Worker*, 18 août 1944.

sur ordre du commandant suprême des Alliés en Méditerranée, Sir Henry Maitland Wilson. Son journal dénonce « une vendetta infamante » :

> Ses dépêches du sol français pendant les dernières journées font honneur à son talent de journaliste et ont aidé à resserrer les liens d'amitié entre les combattants français pour la Libération et les ouvriers britanniques. Son crime ? Dutt est communiste et représente le *Daily Worker*. [...] Cette intervention monstrueuse sabote l'effort de guerre. Qu'en penseront les ouvriers et les soldats français ?[93]

Le 7 septembre 1944, le journal remarque : « La France est pratiquement coupée du monde. Qu'est-ce qui se passe dans le Paris du peuple ? [...] Privé d'un correspondant de guerre par le gouvernement britannique, le *Daily Worker* a nommé Clemens Dutt comme son représentant à Paris »[94]. Le 18 septembre, Dutt quitte Alger pour Paris avec le soutien du commissaire français à l'information ainsi que celui du général Catroux.

Le 20 octobre 1944, malgré le refus par le quartier général des forces alliées en Europe de moyens télégraphiques, Dutt envoie un reportage sur « un Paris sombre qui combat pour une nouvelle France »[95]. Le lendemain, un agent secret communique : « Clemens Dutt est à Paris, et réside à l'Hôtel London dans le Boulevard des Italiens. Cela vous intéressera de savoir qu'il visite chaque jour l'Hôtel Scribe, où travaillent les correspondants étrangers »[96]. Le 29 novembre 1944, on signale l'arrivée de Dutt à l'aéroport de Croydon, où il est fouillé par la police : « Dutt était en possession d'une quantité de littérature :

---

[93] *Daily Worker*, 21 août 1944.

[94] *Daily Worker*, 7 septembre 1944.

[95] *Daily Worker*, 20 octobre 1944.

[96] Kew : KV2/2505.

quatre livres en français sur le PCF, une chemise contenant des notes dactylographiées sur diverses réunions auxquelles il avait assisté, et une chemise contenant des coupures de la presse française »[97]. Le 13 décembre 1944, au Waldorf Hotel, il évoque, toujours sous surveillance, ses « tribulations », avant de déclarer que « De Gaulle doit être soutenu pleinement, et que l'unité est essentielle, mais ne s'applique pas au gouvernement français. Le gouvernement à Paris ne représente pas pleinement la Résistance ni la population françaises »[98]. Le 14 décembre 1944, Dutt présente au CPGB un rapport sur la situation dans l'Afrique française.

Il retourne à Paris en février 1945 et continue son travail comme correspondant durant six mois. Le 12 février 1945, il évoque une « Marche pour l'Unité » à Paris où participent des dizaines de milliers de personnes et les comités centraux du PCF et de la SFIO. La manifestation commémore « la première grande victoire populaire sur le fascisme le 12 février 1934, quand le Front populaire a triomphé à Paris ». On entend des cris de « Vive Thorez » et « Vive l'Unité ». Pour l'illustrer, à la Place de la République, André Tixier, ministre socialiste de l'Intérieur, se trouve aux côtés de Charles Tillon, ministre communiste de l'Information. Selon Dutt, « toutes les organisations populaires étaient représentées dans la marche. Il y avait même un groupe pittoresque d'anciens communards de 1870 [*sic*] »[99]. Effectivement, l'unité est un mot d'ordre pendant cette période. En juillet 1945, également pour le *Daily Worker*, Betty Wallace fait un reportage sur le dixième congrès du PCF,

---

[97] *Ibid.*

[98] *Ibid.*

[99] *Daily Worker*, 12 février 1945.

où 2 000 délégués se décident à « réaliser le Parti ouvrier unifié »[100].

Apogées et retrouvailles

En fait, l'année 1945 voit l'apogée de l'unité antifasciste, du communisme et du pro-soviétisme en Europe. En Grande-Bretagne, les élections législatives voient le raz-de-marée (largement imprévu) du parti travailliste de Clement Attlee : 385 sièges sur 640 députés aux Communes. Dans *L'Humanité*, Marius Magnien salue la « victoire de la démocratie en Angleterre sur la réaction et les trusts »[101]. Magnien n'hésite pas à donner une signification géopolitique à ce séisme électoral :

> La vague de fond qui porte le parti travailliste au pouvoir ébranle les combinaisons que la réaction internationale était en train de monter contre la démocratie, contre l'organisation de la sécurité, pour soutenir l'Allemagne vaincue pour nuire à l'union des grandes puissances au moyen de l'antisoviétisme. Les quinze millions d'électeurs et d'électrices [...] ont manifesté leur solidarité avec les peuples de Grèce, d'Espagne, d'Italie, de Chine, de Belgique, de Yougoslavie, leur désapprobation du soutien par la City des fascistes ou profascistes polonais, espagnols, grecs et arabes[102].

Le progrès du CPGB est bien plus modeste, mais constitue son apogée électoral : plus de 100 000 voix et deux députés, dans le West Fife (Écosse) et l'East End de Londres (encore une fois, Harry Pollitt est battu de justesse dans la vallée du Rhondda).

---

[100] *Daily Worker*, 6 juillet 1945.

[101] *L'Humanité*, l 27 juillet 1945.

[102] *L'Humanité*, 28 juillet 1945.

L'ambassadeur de France à Londres, René Massigli, note : « l'électeur anglais a une nouvelle fois ratifié le système des deux partis ». À l'échec relatif du CPGB s'ajoute l'influence du dirigeant travailliste, et futur ministre des Affaires étrangères, Ernest Bevin, que Massigli décrit comme « nettement anticommuniste »[103].

Le rapport de force au sein de la gauche française est bien différent. Aux élections du 21 octobre 1945, pour la première fois de son histoire, le PCF devient le premier parti de France, avec plus de 5 millions d'électeurs, 26,3 % des suffrages exprimés et 159 élus, distanciant nettement la SFIO. Dans un éditorial intitulé « France, en avant ! », le *Daily Worker* salue le triomphe du PCF, mais avec des regrets sur l'unité de la gauche qui renvoient aux frustrations électorale et stratégique du CPGB : « Si les propositions faites par les communistes aux socialistes dans l'optique de former un parti unifié de la classe ouvrière avaient été acceptées, cela aurait ouvert la voie à un gouvernement bien plus fort et influent »[104].

Mais des deux côtés de la Manche, les gouvernements issus de la guerre lancent un programme radical de réformes sociales et économiques : nationalisation de secteurs économiques, fondation de l'État-providence – Sécurité sociale, National Health Service –, droit de vote pour les femmes françaises, et nouveaux droits syndicaux. Les deux puissances impériales, victorieuses mais très affaiblies, sont simultanément confrontées à un processus douloureux de décolonisation, à commencer par l'Indochine et l'Inde.

---

[103] QO : 92CPCOM/14.

[104] *Daily Worker*, 23 octobre 1945.

C'est aussi une période de retrouvailles pour les communistes britanniques et français qui ont survécu à cinq ans de conflit meurtrier. En mars 1945, Louis Aragon visite Londres et donne une conférence à l'Institut français sur les écrivains de la Résistance. Dans ses mémoires, Jack Lindsay évoque « l'énorme libération morale et poétique » que l'auteur de *La Diane française* inspire chez son auditoire : « Il était encore assez jeune pour porter son aura de casse-cou insouciant. Éternel adolescent, fanfaron, gaiement sincère [...] il a raconté son histoire aussi clairement et avec autant de vigueur que s'il s'adressait à un groupe de maquisards et les préparait pour une opération imminente »[105]. Subjugués par son charisme, plusieurs auditeurs montent avec Aragon dans un bus à destination inconnue après la fin du meeting.

Mais Aragon n'a pas que des admirateurs à Londres. Même avant la fin de la guerre, des écrivains exilés dans la capitale anglaise attaquent celui que de Gaulle s'apprête à adouber comme « poète de la Résistance ». Dans « The French Flu », essai publié dans *Tribune*, journal travailliste, vers la fin de 1943, Arthur Koestler s'en prend non seulement au militant communiste, mais à l'homme et même au poète, dont il conteste le talent. Deux surréalistes belges, Jacques Brunius et E. T. Mesens – en relation avec André Breton, qui se trouve aux États-Unis – accusent l'ancien avant-gardiste passé au PCF de mauvaise foi, et de faux patriotisme, marqué par une égoïste ambition qui l'aurait privé de tout talent depuis son apostasie[106].

Nancy Cunard riposte à ces critiques dans la version française de *Poems for France*, publiée par Pierre Seghers en 1946. Elle

---

105 Lindsay, *Meetings With Poets* (Londres : Frederick Muller, 1968), p. 167-8.

106 Voir Bennett, *Aragon, Londres et la France Libre.*

commence par écarter les remarques acerbes de Brunius, avec qui elle a travaillé à la BBC :

> On a peu critiqué la France. On n'a pas dit « lâcheurs ». On a compris. On a beaucoup aimé la France, on a haï pour elle, autant que pour soi, les Allemands et Vichy. On a pris au sérieux la littérature de la Résistance. On a énormément admiré la Résistance, la naissance et l'étonnant développement de la presse et de l'édition clandestine. Le public a été très impressionné par ce foisonnement et s'est rendu en masse à l'Exposition qui fut faite à Londres chez Selfridge en novembre 1943[107].

Elle se tourne vers la diatribe de Koestler :

> Après lecture de ce prétentieux fatras [...] le lecteur se demandait pourquoi, diable, on publiait une telle attaque, basée sur des raisons aussi fausses et invraisemblables à un pareil moment. Il se disait : « On sent à quel point Koestler déteste la France ». [...] Koestler dit qu'il a été communiste. C'est certainement avant que je l'aie connu à Madrid en 1936. Il ne l'est plus. Vous voyez, tout s'explique. *A poisoned man* – un homme empoisonné [...]. Cette attaque semble plus grossière, plus inepte encore que les mensonges au sujet de la « lointaine » URSS qui remplissent les pages du *Yogi et du Commissaire.* Koestler s'est suicidé comme écrivain militant ; aujourd'hui c'est un milicien de la méchanceté et du dépit[108].

Quant à Mesens, qui décrit Aragon et Éluard comme traîtres à l'idée de la révolution mondiale, Cunard affirme :

---

[107] Cunard (dir.), *Poèmes à la France* (Paris : Seghers, 1946), p. XII.
[108] *Ibid.*, p. XV-XVII.

> Tous ceux de nous qui avons une haine profonde pour le faux nationalisme – c'est-à-dire le « John Bullisme », l'impérialisme à la Kipling – n'avons jamais confondu le chant-amour français avec le chant-national-militariste « La France vaut mieux que les autres, que tous les autres ». Aragon est tout aussi international et cosmopolite que national et français[109].

Les communistes britanniques insistent sur l'importance de la relation franco-britannique dans la construction d'une Europe progressiste. Dans *Labour Monthly*, Clemens Dutt écrit : « Si l'on veut résoudre les problèmes de démocraties et de sécurité, il est essentiel que les relations anglo-françaises soient fondées, non sur un partenariat d'orientation anti-soviétique, mais sur une union démocratique de tous les peuples d'Europe, sur le soutien à la sécurité collective et aux alliances anglo-française et franco-soviétique »[110]. Le succès retentissant du World Youth Congress, tenu à Londres en novembre 1945, semble démontrer la force de la jeunesse « démocratique ». À la fin du mois, le congrès du CPGB offre un *standing ovation* à Marcel Cachin. Les mille délégués entonnent *L'Internationale* et *La Marseillaise* avant que Cachin leur présente le PCF comme le premier parti de France, acquis à la stratégie de la *Big Three Unity*, l'« Unité des Trois Grands » américains, britanniques, et soviétiques. Le vétéran du communisme français note dans ses *Carnets* : « Les Anglais sont contre le Bloc occidental. En Angleterre, le peuple est plus ami des Russes que des Américains »[111]. Après le congrès, Cachin est invité aux Communes, où il rencontre les deux députés communistes, Willie Gallacher et Phil Piratin, mais aussi James

[109] *Ibid.*, p. XVIII.

[110] *Labour Monthly*, octobre 1945, p. 310.

[111] Cachin, p. 857.

Maxton, de l'Independent Labour Party, le député travailliste pro-soviétique Konni Zilliacus, et le lord Tory et anti-munichois, Sir Robert Cecil. Finalement, Cachin est reçu par le Doyen « rouge » de la cathédrale de Canterbury, Hewlett Johnson.

Les deux pays connaissent une période de considérables difficultés matérielles, d'incertitude sur l'avenir, mais aussi d'espoir. Dans un billet pour *Europe*, Nancy Cunard évoque la situation outre-Manche : « ruines, restrictions, rationnement alimentaire, coupons textiles, une effroyable crise de logement, c'est Londres aujourd'hui »[112]. Mais la situation des Britanniques est relativement enviable : « on ne comprend pas que le redressement matériel en France, alimentaire surtout, ne se fasse pas un peu plus vite. C'est qu'en Angleterre tout a été tellement contrôlé, comme production, comme distribution, comme vente, et que l'on vit toujours sous le régime de l'austérité. Résultat : on mange à sa faim, au rythme régulier de sa bourse, sinon à son goût ! »[113]. À cause de la pénurie de papier, la situation du livre est famélique. Mais Cunard prend note du renouveau artistique qui bourgeonne dans les ruines londoniennes, depuis l'exposition Picasso-Matisse au Victoria and Albert – qui déclenche des polémiques au sein du CPGB –, jusqu'aux vaillants comédiens ouvriers de l'Unity Theatre, en passant par les *Ballets nègres* du danseur jamaïquain Pasuka, la musique de Benjamin Britten, l'*Animal Farm* de George Orwell... Il semble que les privations ne sauraient endiguer l'essor créatif de l'après-guerre.

Le 22 décembre 1945, René Massigli envoie au Quai d'Orsay un rapport sur « le premier hiver de la paix » : « L'Angleterre traverse actuellement une période de malaise, malaise physique et

---

[112] *Europe*, mai 1946, p. 136.
[113] *Ibid.*, p. 137.

malaise moral. [...] Leur isolement du temps de guerre était un isolement de combat. Leur solitude actuelle est une solitude de pauvreté ». Dans les masses populaires, l'Armée rouge, malgré la déception éprouvée par les soldats britanniques lors de leur rencontre avec les soldats soviétiques, « conserve un prestige très grand ». Toutefois, la Grande-Bretagne est loin de basculer dans le camp rouge : « Les Anglais redoutent la domination matérielle des États-Unis et la force souterraine du communisme. S'il faut choisir entre les deux, c'est évidemment du côté des États-Unis qu'ils se rangent, car ils se sentent tout de même plus près des Américains qui respectent la liberté individuelle ». Massigli considère que seulement une vingtaine de députés sont déjà, sinon ralliés au communisme, du moins de tendances communisantes. La Grande-Bretagne, conclut-il, « jette un regard nostalgique vers les vieux pays de l'Europe occidentale. Il y a là un climat moral qui nous est favorable et qui devrait faciliter un rapprochement franco-britannique »[114].

Après la démission du général de Gaulle, le 20 janvier 1946, les communistes augmentent leur influence dans le gouvernement. En novembre 1946, Thorez, maintenant ministre de la Fonction publique, donne un entretien important au *Times*. Le candidat communiste à la Présidence du Conseil essaie de rassurer ses lecteurs quant à « la nature nationale et démocratique de tout ce que font les communistes français ». Le PCF, déclare-t-il, se prononce pour une voie française, et non russe, vers le socialisme. En outre, il veut créer un grand parti de la gauche en fusionnant avec les socialistes de Blum et en ouvrant ses rangs aux ouvriers catholiques. Le but n'est pas la dictature du prolétariat, mais une « démocratie nouvelle et populaire ». Concernant l'ordre international de l'après-guerre, Thorez rejette

---

[114] QO : 92CPCOM/14.

l'idée que l'on permette à l'Allemagne de retrouver une position économique dominante sur le continent européen. Rappelant qu'il avait quatorze ans quand sa province natale d'Artois fut soumise aux rigueurs de la Grande Guerre, il dit au quotidien britannique : « Nous voulons que les liens d'amitié et d'alliance entre la Grande-Bretagne se resserrent davantage [...] Je viens d'une province où trop de sang britannique a coulé pour que je sous-estime la valeur de l'amitié franco-britannique »[115].

Exemple de cette amitié franco-britannique, le 24 avril 1947, Marcel Cachin et son épouse Marguerite sont accueillis par Harry Pollitt à la Victoria Station de Londres. Leur voyage les conduit à Manchester, où ils sont reçus par le Lord Mayor de la ville, T. H. Adams, ancien membre du CPGB. En réponse à cet honneur, le fondateur du PCF déclare :

> Permettez-moi de saluer, en votre personne, les habitants de cette grande Ville. Notre nation française connaît les qualités magnifiques de notre voisin britannique, son bon sens pratique, son sang-froid, sa ténacité légendaire, son attachement à la dignité personnelle et au civisme. Nous savons que, sur le sol anglais, se manifestèrent pour la première fois dans l'Europe moderne, les idées de liberté personnelle, religieuse et politique, la gestion municipale et le contrôle du pouvoir. [...] Ensemble, nos deux pays ont mené une guerre terrible contre le fascisme. Aujourd'hui nous sommes liés par un traité d'alliance qui assurera la Paix[116].

Ensuite, Cachin s'adresse à un meeting de 5 000 personnes au Belle Vue Park. Selon le *Daily Worker*, une centaine de membres

---

[115] *The Times*, 18 novembre 1946.

[116] *Lancashire and Cheshire News*, 3 mai 1947.

de l'audience sont conquis et prennent leur carte au parti. Des ouvriers du textile, des mineurs et des dockers de Liverpool sont là. Un groupe de jeunes a même fait cinquante kilomètres à vélo pour écouter les orateurs. Signe de la dégradation rapide des relations entre les *Big Three*, Cachin plaide en faveur de l'unité des peuples français et britannique et s'attaque à l'intervention « impérialiste » du Président Truman en Europe. Il balaie également l'accusation d'« oppression » de l'Europe de l'Est par l'URSS. L'Armée rouge, affirme-t-il, n'a pas émancipé seulement sa propre patrie, mais expulsé les Allemands de Bucarest, Sofia, Belgrade, Budapest, Vienne, Prague et Varsovie : « Aucune force humaine, aussi violente soit-elle, pas même la bombe atomique elle-même, ne peut empêcher les hommes et les femmes qui souffrent de se tourner avec sympathie vers l'Union soviétique »[117].

L'éditorial du *Daily Worker* se penche sur les rapports entre le peuple et le gouvernement en France et en Grande-Bretagne. Il constate de fortes similitudes entre les deux pays :

> Les deux peuples se coltinent les problèmes du système capitaliste bouleversé par la guerre. Les crises du ravitaillement et du logement sont exploitées par les réactionnaires afin de discréditer la planification économique et chasser du gouvernement les représentants de la classe ouvrière. Dans les deux pays, les réactionnaires capitalistes suivent avec de grands espoirs le progrès de l'intervention américaine en Europe. En France, de Gaulle, s'appuyant sur les États-Unis, tente de devenir le général Franco français. En Grande-Bretagne, les Tories attendent que les Américains refusent un nouveau prêt au

[117] *Daily Worker*, 28 avril 1947.

> gouvernement travailliste si celui-ci n'abandonne pas son programme.

Les forces progressistes de France et de Grande-Bretagne doivent donc s'unir pour combattre ces dangers :

> Elles doivent tout faire pour forcer leurs gouvernements à développer le commerce mutuel, à coordonner leurs efforts de planification économique, et à coopérer sur le plan international pour résister aux monstrueuses prétentions économiques des États-Unis. En outre, les peuples des deux pays doivent exiger que leurs gouvernements se dissocient de la politique réactionnaire qui visa à reconstruire l'Allemagne de l'Ouest comme rempart du capitalisme[118].

La visite à Manchester, ville de Marx et Engels, apparaît comme un triomphe. Le 4 mai 1947, Marguerite Cachin écrit à Rajani Palme Dutt :

> Merci encore une fois, cher Camarade, pour toute votre hospitalité pendant notre séjour en Angleterre. Nous sommes rentrés très heureux des grands efforts de nos camarades britanniques, qui vont apporter sans doute des résultats certains et grands. Quand les supports du pont commencent à émerger de l'eau, le pont est presque achevé – et la Tamise est très profonde[119].

---

[118] *Ibid.*

[119] CPGB : CP/IND/DUTT/06/04.

Chapitre 4

Guerre froide, 1947-1956

En privé, Cachin est moins optimiste sur l'état du CPGB. Le confort matériel des ouvriers britanniques, bien payés par Ernest Bevin depuis le début de la Guerre mondiale, a, croit-il, arrêté l'avancée du communisme, et il constate :

> Les femmes ne vont pas aux réunions et sont peu communistes. Elles pensent que leur place est au foyer. Les hommes communistes le pensent aussi. [...] Depuis la guerre, les communistes du Lancashire ont perdu 2 000 adhérents. Si l'on n'avait pas de collecteurs pour les cotisations, les membres du PC ne paieraient pas. À Manchester, on me dit : « C'est difficile, c'est impossible ». Passivité[1].

Le mode de scrutin majoritaire a aussi constitué un obstacle important.

La situation des communistes est ébranlée par le début de la Guerre froide. La mise au pas de la gauche européenne derrière ce que Churchill décrit comme « rideau de fer » conduit les socialistes de Blum à refuser de soutenir Thorez pour la Présidence du Conseil, sans parler de fusionner avec le PCF. De même, les travaillistes repoussent toute demande d'affiliation du

---

[1] Cachin, p. 1114-5.

CPGB. En 1946, malgré son évocation d'une menace allemande, le traité de Dunkerque signé par Blum et Bevin anticipe la création de l'OTAN pour protéger les démocraties occidentales face à l'URSS.

Alors que Cachin est en visite à Manchester, Derek Kartun, correspondant du *Daily Worker* à Paris, avertit ses lecteurs des manœuvres de la SFIO afin d'exclure les ministres communistes du gouvernement. À la suite de l'insurrection de Madagascar en mars 1947, où au moins 20 000 colons et indigènes ont perdu leur vie, le gouvernement exige la levée de l'immunité de députés malgaches accusés de complicité dans cette insurrection, ce que les communistes refusent. Pourtant, Kartun conclut que « jusqu'à présent, il n'y a aucune raison de croire que cette manœuvre anticommuniste va réussir »[2].

Mais de telles craintes sont justifiées. Début mai 1947, sur fond de climat interne et externe qui se dégrade, le socialiste Paul Ramadier expulse les ministres communistes de son gouvernement. En été 1947, les communistes redeviennent un parti d'opposition qui dénonce avec violence l'austérité économique, le Plan Marshall et l'impérialisme anglo-américain.

Cependant, malgré la fin de la *Big Three Unity*, les communistes ne perdent pas l'espoir. Après tout, le PCF reste fort d'un quart des votants et se présente encore comme un parti de gouvernement. En juin 1947, Harry Pollitt et Rajani Palme Dutt sont les délégués du CPGB au onzième congrès du PCF, à Strasbourg. Dans leur rapport admirateur et enthousiaste, ils écrivent : « Le Congrès s'est déroulé dans le magnifique Parc des Expositions de la ville, et personne ne pouvait ignorer que le Congrès avait lieu, car devant la gare une énorme banderole

---

[2] *Daily Worker*, 28 avril 1947.

accueillait les délégués, et partout dans la ville on voyait des affiches concernant tel ou tel aspect de l'activité du Congrès ». Le Parc des Expositions inspire les délégués anglais :

> Au-dessus de l'estrade, de grands portraits de Frachon, Mauvais, Duclos, Thorez, Marty et Cachin étaient suspendus. Le long des murs de la salle, des portraits de dirigeants français tués par les nazis, tels Péri et Semard, étaient bordés par des photos de Lénine, Staline, Marx, et Engels. Dans la salle adjointe se trouvait une exposition très agréable de littérature clandestine diffusée par le parti pendant l'occupation nazie.

Des affiches vantent la diffusion énorme et continue de la presse communiste aux 1 200 délégués et invités, qui « représentaient parmi les noms les plus prestigieux des milieux culturels et scientifiques de France ». Au Congrès se trouvent également des délégués fraternels de Tchécoslovaquie, Roumanie, Italie, Belgique, Grèce, Espagne, Saar, et, « ce qui rappelait notre propre Congrès », de fortes délégations du Maghreb, de l'Afrique noire et des Antilles.

Maurice Thorez fait un rapport de quatre heures sur « le combat pour la production, la démocratie, la paix et l'unité ». Pollitt et Dutt constatent que, contrairement aux congrès du CPGB, il n'y a pas de résolutions : la discussion principale porte sur le rapport du secrétaire général, marquée par les interventions de différents membres du comité central. Selon les Britanniques, « cette méthode, si différente de la nôtre, où nous n'aimons pas que les membres de l'exécutif occupent trop de temps à nos congrès, a le mérite de présenter pleinement le problème et de l'examiner de tous les points de vue et d'atteindre ainsi le maximum de clarté ». Pollitt et Dutt remarquent aussi les longues citations des œuvres de Marx, Engels, Lénine et Staline :

« une telle méthode a une énorme valeur éducative pour tout le parti ». Les délégués britanniques concluent :

> Nous avons été impressionnés par l'unité et l'enthousiasme de la direction et du Congrès, qui constitue une ferme riposte aux allégations de divisions au sein du parti français. Il nous est important de relater ce fait à l'attention de tout le mouvement ouvrier britannique en Grande-Bretagne, afin de contrer les tactiques scissionnistes que le Labour Party essaie de promouvoir en France [...] Nous avons quitté Strasbourg avec le sentiment qu'on nous avait permis de participer à un congrès d'une importance extraordinaire, duquel nous avons appris beaucoup, et dont les résultats se manifesteront partout en France, accroissant sans doute la pression du peuple français pour que le PCF reprenne un rôle dirigeant au sein du gouvernement français[3].

Effectivement, les travaillistes anglais, bien que toujours cordiaux, entretiennent désormais des relations critiques avec leurs homologues socialistes français. Morgan Phillips représente le Labour Party au congrès de la SFIO en août 1947. À son tour, Léon Blum s'adresse à la conférence annuelle des travaillistes et reçoit un *standing ovation*. Néanmoins, les Britanniques ont des réserves sur leur parti-frère bien plus petit. Le 3 juin 1947, Kenneth Younger, député travailliste, fait un rapport sur une semaine d'études de la SFIO à Meung-sur-Loire, où les délégués campent après de longues journées à discuter des sujets tels que « le matérialisme historique, l'humanisme et la liberté ». Younger déclare :

---

[3] CPGB : CP /CENT/INT/45.

Personnellement, je trouve très déprimant que le parti socialiste français organise une semaine d'études tellement abstraite et doctrinaire dans un moment pareil. Ils ont connu cinquante années de ce bavardage et maintenant ils sont confrontés à une véritable crise du socialisme en France. Le programme me confirme dans l'opinion que les socialistes ne sont plus une proposition pratique en France, mais seulement un groupe d'« espèces d'intellectuels »[4].

Malgré les difficultés de la SFIO, le PCF reste exclu du pouvoir, pendant que la CIA sponsorise une scission au sein de la CGT, avec la fondation de Force Ouvrière. Les partis communistes d'Europe de l'Est et les deux grands partis occidentaux, PCF et PCI, s'organisent dans le Kominform, tandis que le CPGB reçoit ses instructions via le PCF. Selon Jdanov, commissaire culturel de Staline, le monde est désormais divisé en deux camps, impérialiste et socialiste.

Le 18 novembre 1947, Maurice Thorez est convoqué au Kremlin pour un entretien avec Staline et son ministre des Affaires étrangères, Molotov. Pendant cette longue conversation, les dirigeants abordent les situations politiques des deux côtés de la Manche. Staline déclare qu'il lui semble que les socialistes en France comme en Grande-Bretagne créent eux-mêmes des ailes gauches au sein de leur propre parti : « Des dirigeants comme Blum en France ou Bevin et d'autres en Grande-Bretagne comprennent qu'une opposition d'importance risque de naître au sein de la base de leur parti. Pour que les membres de cette opposition ne passent pas chez les communistes, on crée une tendance de gauche ». Pour le dictateur soviétique, cette « perfidie » est incarnée par le député travailliste Konni Zilliacus,

[4] LP : LP/ID/DH/7/02.

qui aurait avoué, affirme Molotov, être un agent de l'*intelligence service* depuis longtemps.

Maurice Thorez dresse un bilan très négatif de l'action du CPGB. Loin de s'étoffer, ce parti s'affaiblit : « Le Parti communiste anglais n'a toujours pas trouvé son chemin. Les communistes anglais n'ont aucune confiance dans les militants de base du Parti travailliste et se pavanent devant eux comme des vieux bolcheviks. Le Parti communiste anglais s'est coupé des larges masses de la classe ouvrière ». Cependant, Thorez dit que le PCF « tente d'aider » les communistes d'outre-Manche. Ils ont « des gens bien », comme Arthur Horner, dirigeant gallois du syndicat des mineurs. Mais Molotov remarque que les représentants parlementaires du CPGB sont « très faibles ». Thorez répond que Willie Gallacher est « un piètre travailleur. Lénine, à son époque, l'avait déjà critiqué dans son livre *Maladie infantile du communisme.* Depuis cette date, il n'a presque rien appris ». Staline remarque que le député de West Fife « a même régressé »[5].

Si la situation en Grande-Bretagne semble donc peu prometteuse, sur ordre du Kominform, le PCF et la CGT fomentent une vague de grèves. Seraient-ils en train de créer une situation révolutionnaire analogue à celle de la zone d'influence soviétique, où des démocraties populaires sont en voie de formation ? En juin 1948, une source communique aux services de renseignements britanniques une analyse par le communiste James Klugmann, qui revient d'un séjour en Savoie. « Klugmann affirme que, bien que dans le domaine industriel, la France subisse une agitation considérable, aucune situation révolutionnaire ne s'est pour le moment développée. Klugmann affirme aussi que les conditions en Italie sont similaires. Il paraît

---

[5] http://www.marx ;be/fr/content/rencontre-staline-thorez.

que lors de son séjour en France, Klugmann a rencontré des camarades italiens importants »[6].

La Grande Grève de 1948

Cette situation révolutionnaire tant crainte qu'espérée apparaît sur le point de se réaliser lors de la grande grève des mineurs français, qui commence en octobre 1948. Cette grève, lancée contre un plan gouvernemental de réduire les salaires et de modifier les conditions de travail des mineurs, est largement suivie dans ses débuts. Mais elle ne fournit guère l'occasion d'unir la gauche. Cette grève violente, qui fera plusieurs morts et des milliers de blessés, voit le déploiement dans les houillères de troupes et de CRS, sous les ordres de Jules Moch, ministre de l'Intérieur socialiste et farouchement anticommuniste. Un rapport de l'ambassade de Grande-Bretagne à Paris signale « la férocité et la détermination » des mineurs français et n'épargne pas les autorités : « À la différence du gouvernement travailliste de Grande-Bretagne, les charbonnages de France n'ont fait aucun effort pour maintenir le niveau de vie de la classe ouvrière ». Néanmoins, les diplomates considèrent que la grève menée par la CGT est « politiquement motivée »[7].

Les conflits liés à la grève ont également des ramifications dans le mouvement ouvrier britannique. Le TUC, dominé par le Labour, n'offre à la CGT ni sympathie ni solidarité. Le 11 octobre 1948, Arthur Horner, secrétaire général de la National Union of Mineworkers (NUM), voyage à Paris pour assister au congrès de la CGT. Il déclare aux délégués : « Aucun mineur britannique n'a l'autorité de s'opposer à la grève des

---

[6] Kew : KV2/789.

[7] Kew : FRA/17/50.

mineurs français, sauf à titre non officiel. Il est également faux de dire que les mineurs britanniques ont décidé de ne pas soutenir les mineurs français »[8]. Mais le lendemain, Will Lawther, président travailliste de la NUM, se désolidarise de la grève, déclarant : « depuis 1926, par l'action politique et par la conciliation et l'arbitration, les mineurs britanniques ont amélioré leur position. S'il est exact que les mineurs britanniques sont loin devant les mineurs français, il est d'autant plus nécessaire à ceux-ci d'écouter les conseils des mineurs britanniques et d'accepter le point de vue social-démocrate »[9]. Lors d'une visite à Paris, Lawther confirme son adhésion au camp atlantiste en choisissant de déjeuner avec le général George Marshall. Effectivement, selon l'historienne Nina Fishman, les réformistes se servent de la grève des mineurs français comme casus belli pour « déclencher une campagne officielle contre les communistes dans le mouvement syndical britannique »[10].

Malgré le désaveu de la direction du TUC, Horner n'est pas complètement délaissé. Naturellement, le *Daily Worker* suit de près les affrontements entre mineurs et forces de l'ordre et présente la lutte des mineurs français comme celle de leurs homologues britanniques : leur défaite mènerait à la dégradation de leur condition, des deux côtés de la Manche. Deux régions sous forte influence communiste expriment leur solidarité. Alors que les Écossais remplissent des caisses de grève, *L'Humanité* cite une résolution des mineurs du « Rhondda rouge » : « Nous appuyons la demande d'Arthur Horner pour la solidarité avec nos camarades syndiqués de France car nous considérons cela

[8] Nina Fishman, *Arthur Horner. A Political Biography. Volume 2. 1944-1968* (Londres : Lawrence Wishart, 2010), p. 758.
[9] *Daily Worker*, 14 octobre 1948.
[10] Fishman, p. 760.

comme un des principes de base de notre mouvement ». La résolution précise qu'en soutenant les mineurs français, les mineurs anglais se défendront contre les répercussions que pourraient avoir les conditions actuelles des mineurs français sur les conditions de vie des mineurs anglais : « nous exprimons notre indignation devant l'attitude de Lawther et nous soulignons qu'il vient d'assumer l'honneur très douteux de devenir le héros de tous les journaux réactionnaires de ce pays. Nous demandons qu'une action immédiate soit entreprise pour qu'aucune exportation de charbon ne soit faite à destination de la France aussi longtemps que durera la grève »[11]. Le 31 octobre, Marcel Cachin est à Londres pour un meeting du *Daily Worker* où la grande grève des mineurs constitue une référence majeure.

En novembre, Cachin écrit à Rajani Palme Dutt : « La situation politique actuelle en France est difficile à traiter au milieu du flot constant d'événements [...] Les choses avancent rapidement ici. Notre réaction est endémique, recourant à la violence aveugle et à la provocation : cartes ultimes de castes et de régimes qui sombrent »[12]. Mais la solidarité entre communistes français et britannique a peu d'efficacité. De même, le soutien de la population dans les houillères et la sympathie à l'égard des mineurs dans la société française ne parviennent pas à éviter la défaite.

Dans son rapport sur les événements en France en 1948, le Foreign Office explique qu'« il existe aujourd'hui peu de danger d'un gouvernement communiste ». Désormais, d'après les diplomates britanniques, le danger posé à la Quatrième République serait celui du général de Gaulle. Certes, le PCF reste le plus grand parti à l'Assemblée nationale, et « a bien servi le

---

[11] *L'Humanité*, 23 octobre 1948.

[12] CPGB : CP/IND/Dutt/06/04.

Cominform en nuisant à la France et à la reprise économique de l'Europe de l'Est » durant la grève. Néanmoins, Jules Moch s'est avéré « remarquablement efficace ». Les diplomates concluent : « Nous sommes en droit de croire que la France est sur le bon chemin et que, bien qu'il reste des obstacles considérables, elle réussira à se débrouiller selon ses habitudes latines »[13].

L'ambassade offre également un rapport, non dénué d'humour *british*, sur les « personnalités » communistes. Jacques Duclos serait « un petit juif bedonnant, qui ressemble à un riche patron de pub, et jouit de la réputation de grand gastronome, c'est un orateur accompli et un bon tacticien dans les débats ». Quant à André Marty, c'est « un chasseur d'hérésie impitoyable, connu comme le boucher d'Albacete, sa sauvagerie visant ceux qu'il soupçonne d'être des ennemis [...] D'aucune grande envergure intellectuelle, c'est un fanatique inflexible, aveuglément dévoué à Moscou ». En revanche, on brosse un portrait bien plus positif de Maurice Thorez, considéré comme « authentiquement déterminé à faire évoluer un communisme français qui s'adapte aux traditions et aux besoins de son pays ». Cependant, Thorez apparaît « de plus en plus prisonnier » des éléments révolutionnaires du Bureau politique, comme Léon Mauvais, Laurent Casanova et Étienne Fajon[14].

Effectivement, les renseignements britanniques s'intéressent de près à Thorez et à sa santé déclinante, qui l'oblige à repartir en URSS en 1950. Vers la fin de l'année, une source française les informe que « certains membres du comité central rapprochent dans ce sens le cas de Maurice Thorez et celui de Lénine ». Un autre rapport fait l'analyse suivante :

[13] Kew : FO371/79042.

[14] Kew : FO 371/79 043.

> La disparition de Thorez de la vie du parti est un coup dur pour les communistes français, et pourrait même affecter leur influence électorale [...] En homme malade, s'il revenait en France, Thorez gênerait son parti au lieu de l'aider. Depuis Moscou, il peut rester une figure de proue, dont la voix à la radio pourrait être une source d'inspiration. De même, si on interdit le parti, la présence de Thorez à Moscou serait particulièrement valable.

En juin 1951, des bruits circulent selon lesquels Thorez serait mort. Mais en novembre 1952, « selon notre source régulière COUCOU, Duclos a informé les dirigeants de la Fédération de la Seine que Thorez revient le 7 novembre ». Cela dit, ce n'est que le 28 mars 1953, après la mort de Staline, que *The Guardian* peut afficher comme titre « Le retour de Thorez. Un invalide en cachette ». Le retour du Fils du peuple serait une « victoire pour Duclos et Frachon sur Lecœur et Mauvais ». Le journaliste remarque avec raison : « il n'y a pas de dirigeant communiste français pour qui les masses ont la même affection, ou qui a une stature suffisante pour régler les querelles entre les dirigeants ». Avec le retour de Thorez, les perspectives du PCF seraient « sensiblement meilleures »[15].

En Grande-Bretagne, les renseignements s'intéressent à Hewlett Johnson, « Doyen Rouge » de la cathédrale de Canterbury. Entre 1939 et 1941, Johnson avait suivi la ligne orthodoxe, s'opposant à « la guerre impérialiste » tout en soutenant l'invasion soviétique de la Finlande. Après le grand revirement suite à l'Opération Barbarossa, il déclare, le 28 janvier 1943, à la fin de la bataille de Stalingrad, à la section de Douvres de la YWCA : « La Russie gagnera. L'Allemagne, les Balkans, la France et l'Espagne suivront le chemin russe. La masse de

---

[15] *The Guardian*, 28 mars 1953.

l'Europe deviendra socialiste. Cela deviendra tellement important que nous serons obligés à faire de même »[16]. Le résultat du conflit confirme son point de vue. En septembre 1948, le *Sunday Express* fait le compte-rendu de la « prophétie du Doyen Rouge » lors d'une conférence pour la paix à Brighton : « Si on attaque la Russie, elle avancera. Paris, Rome et Madrid tomberont. L'Armée rouge va foudroyer la France. Croyez-vous que huit millions de communistes français ne feront rien ? Ensuite l'assaut de la base avancée des USA, l'Angleterre, commencera. Je ne vois pas comment l'Empire britannique survivra »[17].

Cet homme de l'Église anglicane intervient explicitement dans les affaires françaises. En 1949, Johnson témoigne sur la liberté religieuse en Union soviétique lors du procès en diffamation intenté par le transfuge soviétique Victor Kravtchenko contre *Les Lettres françaises*, lesquelles avaient dénoncé le caractère mensonger de son livre *J'ai choisi la liberté*. Aux côtés de Konni Zilliacus, l'auteur de *Soviet Success* fait le voyage à Paris. Le 1er mars, *The Times* décrit ainsi le témoignage du Doyen rouge devant une cour bondée :

> En lisant le livre de Kravtchenko [Hewlett Johnson] avait trouvé une description de M. Staline que lui, le témoin, qui s'était entretenu avec M. Staline durant plus d'une heure en privé, considérait comme une caricature grotesque. Il avait été frappé par la dignité de M. Staline et la régularité de ses traits physiques. Le livre entier ne pouvait être qu'une caricature grotesque [...] En Russie, il avait eu l'occasion de rencontrer les chefs des principales communautés religieuses. C'était sa conviction que toutes

---

[16] Kew : KV2/2150.

[17] *Sunday Express*, 26 septembre 1948.

ces communautés pouvaient exprimer leur religion dans une liberté totale[18].

Kravtchenko gagne son procès, mais un tel revers ne dissuade pas le Doyen rouge. Il assiste aux Congrès mondiaux pour la Paix à Paris, Prague, Vienne et Varsovie. Il rend hommage au généticiste frauduleux Lyssenko et propage aveuglément les accusations d'utilisation américaine d'armes biologiques en Corée. À l'annonce de la mort de Staline, il écrit dans *Pravda* : « Sa mort est pleurée par les citoyens de l'URSS comme la mort d'un père »[19].

Pendant cette période des « deux camps », la « lutte pour la paix » joue un rôle central dans l'activité du CPGB et du PCF, surtout chez les intellectuels. En août 1948, à Wroclaw, Pologne, se déroule le Congrès mondial des intellectuels pour la défense de la Paix. Une forte délégation française, parmi laquelle se trouvent Picasso, Frédéric Joliot-Curie et Roger Vailland, apporte son prestige à cet événement très médiatisé. Les communistes Jack Lindsay et John Haldane y assistent, mais la contribution du côté britannique est bien moins partisane et bien plus sceptique. Julian Huxley, directeur d'Unesco, et A. J. P. Taylor, historien notoirement iconoclaste, sont mal accueillis par les organisateurs. Après Wroclaw, c'est surtout les Français qui s'activent dans la construction d'un mouvement mondial pour la paix.

Des deux côtés de la Manche, les intellectuels communistes militent contre l'impérialisme anglo-américain et défendent une URSS toujours privée de la bombe atomique (qu'elle cherche assidûment). Au printemps 1948, une énorme foule se réunit dans le stade Buffalo, à Paris, pour le meeting de clôture du

[18] *The Times*, 1er mars 1949.

[19] *Pravda*, 13 mars 1953.

Congrès mondial des partisans de la paix. Jack Lindsay chante cet événement dans un poème dédié à son ami Paul Éluard : « Ce jour à Paris/ce jour dans le monde »[20]. Dans son éditorial, *Our Time*, revue culturelle communiste, déclare : « Paris a été occupé par une nouvelle mode. Cette mode s'appelle la paix. [...] Comme d'autres modes parisiennes, celle-ci conquiert le monde entier. Elle est déjà devenue assez populaire pour attirer la moitié de la population de Paris au stade Buffalo, dans une des plus immenses et pittoresques manifestations des temps modernes »[21]. D'après *Our Time*, cependant, la presse britannique est aux abonnés absents et méprise l'événement parisien de son silence.

En 1952, *Europe* publie une nouvelle de Jack Lindsay, « Ça arrive même en Angleterre », qui évoque la conversion soudaine de Dutton, un fonctionnaire subalterne, à la cause de la Paix. Dutton découvre avec horreur que sa fille est courtisée par Dick, un aviateur américain de l'aérodrome avoisinant. Après avoir lu un article du philosophe pacifiste Bertrand Russell, Dutton décide de mettre à la porte ce « Yankee » raciste et ivre. Avant de sortir « en fanfaronnant », Dick lance au père de sa petite amie : « Nous sommes ici pour rester. Et les rouges comme vous, vous verrez bien ce qui vous arrivera, comme ces salauds de Coréens ». Après cet incident, Dutton se décide à signer la pétition de Stockholm pour la paix. À ce moment-là, « un avion à réaction siffla au-dessus de la maison, et Dutton, du poing, fit un geste dans la direction du ciel, tandis que sa femme et sa fille le regardaient, stupéfaites et pensives »[22].

---

[20] Lindsay, *Who are the English? Selected Poems : 1935-1981* (Middlesbrough Smokestack, 2014), p. 82.

[21] *Our Time*, mai 1949, p. 115.

[22] *Europe*, juillet-août 1952, p. 170-1.

Effectivement, la lutte pour la paix s'accompagne de « résistance » à l'américanisation et au « cosmopolitisme ». Des deux côtés de la Manche, les communistes s'acharnent contre la « cocacolonisation » qui se manifeste dans la BD, le Be Bop, Hollywood, et les romans d'Ernest Hemingway. Malgré son ralliement au communisme et son tableau, *La Colombe de la paix,* l'œuvre de Picasso déroute des communistes attachés au réalisme socialiste et aux traditions « nationales ». Dans ce climat d'extrême sectarisme, même Jack Lindsay manque de se faire exclure du CPGB pour des remarques jugées trop indulgentes à l'égard de Jean-Paul Sartre et pour la ligne éditoriale de sa revue *Arena*, qui ouvre ses pages à des non-communistes tels qu'Albert Camus et Jean Cassou.

Cependant, Lindsay est en première ligne lorsqu'il s'agit de dénoncer la décadence culturelle d'un pays considéré comme le pont aérien des États-Unis en Europe. En 1950, il écrit dans *Europe* : « Le pays de Shakespeare et de Milton se trouve dépourvu de revues littéraires [...] C'est une triste situation et qui montre assez ce qui advient d'un grand pays qui vend son droit de primogéniture à Wall Street »[23]. L'année suivante, Lindsay affirme que « les livres que poussent le commerce et les journaux sont de plus en plus réactionnaires [...] on vend également beaucoup de livres d'évasion [...] nous périssons d'inanition »[24]. Le seul espoir semble résider dans une partie de la classe moyenne pacifique déçue par le parti travailliste, mais en manque de débouchés.

Cela dit, chez certains intellectuels communistes britanniques, et notamment dans le domaine de l'historiographie, on trouve des limites au sectarisme, lesquelles contrastent avec le

[23] *Europe*, septembre 1950, p. 82.

[24] *Europe*, juin 1951, p. 102.

manichéisme de leurs homologues français. Certes, en 1951, le Historian's Group du CPGB participe à une « Conférence sur la menace américaine pour la culture britannique », qui insiste sur le besoin de ressusciter les traditions historiques britanniques dans la lutte pour l'indépendance nationale. Mais cette nouvelle « orthodoxie » semble cacher des velléités d'indépendance à l'égard du maître soviétique. En outre, les historiens britanniques, notamment Eric Hobsbawm (sous le regard vigilant des renseignements), adoptent une démarche plus ouverte et flexible que leurs homologues français, qui se trouvent sous la férule stalinienne de la « Section des intellectuels » du PCF. Ainsi, tout en intensifiant les échanges avec certains de leurs homologues communistes français, tels que Georges Lefebvre, Albert Soboul et Jean Chesneaux, Hobsbawm et ses collègues, profitant de leur petit nombre et d'une absence de contrôle de la part du CPGB, parviennent à construire des ponts entre marxistes et non-marxistes. Hobsbawm se souvient que le PCF cultivait le mépris prolétarien des intellectuels :

> Quand le Groupe des historiens communistes en Grande-Bretagne chercha ses pairs en France, il ne nous a nullement facilité la tâche. Après la guerre, le Parti voulait des militants, pas des universitaires. C'est pourquoi le Congrès historique de 1950 [...] se tint en l'absence de plusieurs jeunes communistes « durs » de l'époque (et qui allaient devenir d'éminents historiens, parfois anticommunistes) : François Furet, Annie Kriegel, Alain Besançon, Emmanuel Le Roy Ladurie[25].

Les Britanniques entretiennent de bonnes relations avec l'école des *Annales* – honnie par le PCF –, et fondent, en 1952, la revue *Past and Present*, qui constitue un nouvel espace de

---

[25] Hobsbawm, p. 390.

dialogue. Le CPGB n'exerce jamais son « droit de regard » sur le travail pionnier de Christopher Hill concernant la révolution anglaise ; seule l'histoire du mouvement ouvrier anglais demeure un sujet sensible. En général, les historiens communistes britanniques, parmi les plus brillants de l'après-guerre, créent une culture pluraliste qui survivra au séisme de l'année 1956[26].

Impasse britannique vers le socialisme

Alors que certains voient dans le retour de Maurice Thorez en France l'aube d'un avenir meilleur pour un PCF, divisé et assiégé, au zénith de la Guerre froide, les perspectives du CPGB semblent bien moins prometteuses. Lors des premières années de la reconstruction d'après-guerre, menée par le gouvernement Attlee, le CPGB se montre favorable aux réformes socio-économiques et, au nom de la bataille de la production, freine les grèves dans des secteurs clés comme les charbonnages. Avec la création du Kominform et la ligne des « deux camps », cependant, les communistes britanniques commencent à attaquer leurs rivaux travaillistes et, en 1949, appuient une grande grève des dockers que le gouvernement décide de briser avec renfort de troupes.

Les communistes aimeraient pouvoir profiter d'une situation socio-économique toujours difficile, marquée par la dévaluation de la livre sterling. En juillet 1949, R. Telliez, correspondant à Londres de *La Vie ouvrière*, organe de la CGT, dénonce le socialisme à la « sauce Attlee » qui vient de réprimer la grève des dockers : « Un député travailliste, R. Mellish, visité par

[26] Voir Frédérique Matonti, « Francs-Tireurs ou Partisans : les historiens communistes français et britanniques », *Revue d'histoire moderne et contemporaine*, 5 (2006), p. 80-87.

l'inspiration comme un Jules Moch quelconque, a proclamé : "C'est un complot communiste". Il y a de quoi rire. Les dockers comptent parmi les travaillistes les plus convaincus. » « Toute la presse churchillienne ou beviniste » avait commencé à « baver sur les lockoutés ». Mais des yeux commencent à s'ouvrir dans « l'ex-capitale de l'impérialisme » : « L'impérialisme britannique pourrit mais sa carcasse est toujours debout et continue de prendre de grands airs ». Parcourant « les rues sans joie », Telliez constate : « Une fille a les cheveux ébouriffés, sans même un ruban pour les retenir. Un garçon porte des pantalons longs qui lui remontent sous les bras, visiblement taillés dans ceux de son père. Pas de chaussettes, souvent les pieds sont nus dans les chaussures ». Attlee, Bevin et Cripps, « traîtres à la classe ouvrière », augmentent les impôts sur les ouvriers tout en réduisant ceux des patrons. Le journaliste communiste français conclut : « et dire que Léon Blum ose présenter cette infecte ratatouille sauce Attlee aux travailleurs français comme le plat le mieux fait pour leur palais »[27].

Le CPGB peut-il s'imposer comme alternative à gauche face à la dystopie travailliste décrite par *La Vie ouvrière* ? La diplomatie française répond par la négative. Fin novembre, le consul de Liverpool soumet un rapport sur le 21e Congrès du parti. En écoutant le discours de Harry Pollitt, devant un auditoire de 1 500 personnes, ouvriers pour la plupart, il détecte « une certaine appréhension » chez le secrétaire général, qui, « sans abandonner son arrogance coutumière et son souci de mettre l'intérêt international au premier plan, n'hésite pas à qualifier de "succès partiel" les efforts de ses collaborateurs en Angleterre ». Petit signe de faiblesse et d'isolement, « ni Marty ni Berlioz ne furent présents ». L'orateur termine « en dépeignant sous les

[27] *La Vie ouvrière*, 21 juillet 1949, p. 4.

couleurs les plus attrayantes le bien-être moral et matériel des Tchèques et des Slovaques et en réaffirmant leur foi en l'URSS [...] sous le regard de trois immenses portraits illuminés figurant Staline, Mao Tsé-Toung et Harry Pollitt »[28].

Ce dernier détail semble démontrer l'omniprésence du culte de la personnalité dans le mouvement communiste mondial de cette époque, jusqu'à la direction d'un petit parti aux forces parlementaires dérisoires. Force est de constater, toutefois, que le « cultisme » est beaucoup moins prégnant en Grande-Bretagne qu'en France. Certes, les fameux vers d'Aragon pour Thorez en 1953 – « Il revient ! Les vélos sur le chemin des villes/Se parlent, rapportant leur nickel ébloui »[29] –, trouvent un certain écho dans ce poème de Jack Lindsay écrit en 1950 pour fêter le soixantième anniversaire de Pollitt : « Sa voix est aussi jeune que la source du jour/Pour réveiller tous ceux qui somnolent/Ses années ont la profondeur de ses racines/Et la largeur de ses branches têtues »[30]. Mais dans son étude comparative des autobiographies de Thorez et de Pollitt, *Fils du peuple* (1937) et *Serving My Time* (1940) respectivement, Kevin Morgan relève des différences sensibles. L'autobiographie de Thorez, fidèle aux canons du réalisme socialiste, décrit l'indissociabilité entre le parti et son dirigeant, dont le curriculum vitae n'avait rien de remarquable avant son entrée dans la carrière militante. En outre, *Fils du peuple* insiste sur la « jeunesse » de Thorez pour marquer une rupture entre un réformisme à bout de souffle et la vivacité du bolchevisme après la Première Guerre mondiale. Le récit de Pollitt (écrit, il faut le rappeler, après son limogeage en septembre 1939) est bien plus complexe, truffé de détails incongrus, d'autodérision et d'un sens

28 QO : 92CPCOM/268.

29 *L'Humanité*, 8 avril 1953.

30 *Daily Worker*, 7 décembre 950.

du ridicule. Effectivement, écrit Morgan : « le bathos va à l'encontre de la téléologie »[31]. Pollitt met en cause davantage cette téléologie quand il évoque avec tendresse ses années de jeunesse d'avant-guerre comme métallo militant dans les syndicats et les groupes socialistes qui ont précédé la fondation du CPGB : il ne s'agit nullement d'un récit de conversion stalinien. De plus, Pollitt brouille les pistes en évoquant ses relations amicales avec des « ennemis de classe » tels un directeur de prison, un militant du parti conservateur, et même un détective chargé de sa filature. Le contraste saisissant entre ces deux autobiographies, et entre les deux cultes qui s'y associent, pourrait s'expliquer par divers facteurs : l'héritage du catholicisme et l'attachement plus viscéral à l'URSS chez les Français, l'influence du non-conformisme protestant et le rôle central du sens de l'humour chez les Britanniques. À son arrivée en Grande-Bretagne, Arthur Koestler avait remarqué que les communistes de ce pays « tendaient à se livrer à l'humour et à l'excentricité – deux déviations dangereuses de la lutte des classes »[32].

La modestie du « culte » de Harry Pollitt pourrait s'expliquer aussi par l'extrême modestie des succès de son parti. Pour les élections de février 1950, le CPGB décide de présenter cent candidats, un nombre record. Ce scrutin se déroule sur fond de crise économique et de grandes tensions Est-Ouest, notamment en Corée. On désigne Rajani Palme Dutt candidat dans la circonscription d'East Woolwich, contre Ernest Bevin, le très anticommuniste ministre des Affaires étrangères. Dutt demande à Marcel Cachin un soutien, que celui-ci donne volontiers :

---

[31] Kevin Morgan, *International Communism and the Cult of the Individual. Leaders, Tribunes and Martyrs under Lenin and Stalin* (Londres : Palgrave Macmillan, 2017), p. 289.

[32] Arthur Koestler, *The Invisible Writing* (Londres : Collins, 1954), p. 384.

> Pour chaque partisan de la paix, c'est un devoir impérieux de signaler au peuple britannique les graves dangers de guerre qui menacent à nouveau la Grande-Bretagne comme le monde tout entier. [...] Chaque travailleur britannique doit être désormais convaincu que l'impérialisme américain prépare ouvertement une Troisième Guerre mondiale contre les nations de l'Est européen et de l'Est asiatique. Les chefs des Trusts Yankees espèrent ainsi sauver leurs fortunes immenses et dominer le monde. Ils se trompent comme s'est trompé Hitler ! [...] Nul ne peut plus nier que les gouvernants du Labour et le ministre Bevin appuient sans réserve les projets de guerre de la puissante Réaction capitaliste des États-Unis. La politique extérieure de M. Bevin reçoit l'approbation des Conservateurs Tories et des gens de Wall Street. [...] Vous avez courageusement accepté la mission de lutter contre ce péril de guerre qui pèse sur tous les peuples. Vous êtes à East Woolwich le candidat de la paix contre les provocations d'une guerre criminelle qui couvrirait le monde de sang et de ruines. [...] Le peuple britannique reconnaîtra un jour la grandeur du rôle des militants désintéressés qui comme vous ont consacré toute leur vie à la défense de la vraie démocratie et de la Paix internationale[33].

Pourtant, malgré la mobilisation de ressources considérables, le parti communiste, ainsi que ses compagnons de route, s'effondrent : 90 000 voix communistes dans tout le pays. Le CPGB perd ses deux députés et restera absent des Communes pour les quarante dernières années de son existence. Dans le pays, la tendance est à droite, et le gouvernement Attlee est reconduit

[33] PCF : 290 J 53.

avec une majorité sévèrement réduite. Alors qu'Ernest Bevin est réélu haut la main à East Woolwich avec près de 70 % des voix, Dutt arrive en quatrième position, crédité d'un piètre 2 %.

L'Humanité essaie d'expliquer cette Bérézina électorale. Le 24 février 1950, Rosa Michel écrit : « Une loi électorale inique prive des droits les plus élémentaires dans une démocratie britannique le seul parti qui se bat pour la paix et le pain des travailleurs. Cette loi bâillonne le parti communiste, l'empêche d'être représenté en proportion des voix obtenues et encore moins de son influence »[34]. « Maintenant, à ce parlement », ajoute Pierre Courtade, « tous les ennemis du peuple anglais vont se retrouver "entre eux" » :

> La politique réactionnaire antisoviétique de la social-démocratie fait le jeu des conservateurs [...] Le peuple britannique, en votant contre Churchill, a manifesté son désir d'écarter l'aventure impérialiste. [...] Le résultat de ces élections confuses ainsi que les oscillations permanentes du travaillisme entre la phrase gauchiste et la soumission aux exigences des impérialistes font irrésistiblement penser à ce proverbe que Staline appliquait un jour à la politique de la social-démocratie de droite : « En retirant la queue, le bec s'embourbe, en retirant le bec, la queue s'embourbe »[35].

Courtade ne parvient donc pas à expliquer pourquoi les ouvriers britanniques feraient les sourds face à la « clarté » anti-impérialiste du CPGB.

Peut-être que les communistes britanniques manquent de rigueur théorique ? Le *Modern Quarterly*, revue des intellectuels du CPGB, publie souvent des traductions d'articles parus dans sa

---

[34] *L'Humanité*, 24 février 1950.

[35] *L'Humanité*, 25 février 1950.

revue homologue *La Pensée*, notamment des critiques cinglantes de l'existentialisme, et des articles sur la culture communiste en France, par exemple, l'œuvre d'Aragon ou la lutte des intellectuels français pour la paix. Mais en mai 1950, dans *La Pensée*, le mathématicien André Lentin offre « quelques critiques fraternelles » d'un numéro du *Modern Quarterly*. Selon cet intellectuel du PCF, « un certain académisme s'y manifeste parfois qui survole l'histoire sans s'y engager ». Le marxisme des contributeurs à ce numéro « nous semble présenter parfois un caractère un peu insulaire. Il admet Marx et Engels qui vécurent si longtemps dans l'île ; connaît-il assez le rôle actuel, le rôle directeur de l'Union soviétique ? ». Pour Lentin, les intellectuels communistes britanniques semblent pécher par excès de tolérance : « quelques lignes seulement pour égratigner Keynes, cet ennemi idéologique numéro un en Angleterre, cette peste qui sévit parfois derrière les remparts de la forteresse marxiste »[36]. Signe d'un complexe d'infériorité, la rédaction du *Modern Quarterly* fait son autocritique : « nous espérons que nous n'avons pas été trop confiants du contenu et de la qualité de cette revue, et *La Pensée* et nos lecteurs auront peut-être constaté que nous nous sommes déjà efforcés d'éliminer les faiblesses identifiées. Pourtant, nous sommes bien conscients du fait qu'il reste beaucoup à faire »[37].

En 1951, dans un rapport pour Agence France Presse sur la géographie actuelle du communisme, le journaliste Paul Loby se penche sur le cas du CPGB :

> Dans Covent Garden, le quartier des halles de Londres, à deux cents mètres de l'Opéra, une maison de King's Street attire le regard : des briques d'un vert opaque tentent de

[36] *La Pensée*, mai-juin 1950, p. 145.
[37] *Modern Quarterly*, hiver 1950-51, p. 96.

rajeunir la façade d'un immeuble vermoulu, vestige du temps où ce quartier, aujourd'hui occupé par les marchands de légumes en gros et les éditeurs, était le rendez-vous des élégants du monde et du demi-monde. Soigneusement protégé par des grilles, cet immeuble est le siège du plus petit parti communiste des grands pays de l'Europe occidentale.

Le pays le plus industrialisé d'Europe, celui qui aurait dû être le plus réceptif aux théories de Marx, est celui où le marxisme a le moins d'influence. « Le parti communiste anglais » a « beaucoup de mal à s'adapter au climat politique britannique et en même temps à respecter la "ligne générale" dictée par Moscou ». Il a demandé en vain l'affiliation au Labour Party, qui l'a balayé aux élections de 1945. Depuis 1950, le parti n'a qu'une influence indirecte au Parlement grâce au travailliste Konni Zilliacus. En outre, il n'y a plus de communiste au conseil général du TUC depuis 1946. Loby arrive à cette sombre conclusion :

> Ainsi le rôle du parti communiste demeure très limité aussi bien dans la vie politique anglaise que dans la vie sociale du pays. Mais si le Kominform a peut-être perdu l'espoir de faire de ce parti un instrument puissant de sa politique en Angleterre même, il se souvient certainement du fait que le Royaume-Uni reste la « plaque tournante » du Commonwealth. [...] Le rôle dévolu au parti communiste anglais serait dès lors d'assurer la liaison avec les partis communistes des pays coloniaux d'Asie et d'Afrique[38].

Analyse intéressante et, en partie, incisive. Ironie de l'histoire, c'est en 1951 que le CPGB renonce à l'objectif d'une *Soviet*

---

[38] Paul Loby, *Géographie du communisme étude-enquête* (Paris : Agence France-Presse, 1951), p. 66.

Britain et, dans son nouveau programme, *The British Road to Socialism*, s'engage dans une voie pacifique et parlementaire vers le communisme. Vu le désastre électoral de l'année précédente, ce chemin apparaît plutôt comme une impasse. Mais Loby perd de vue l'influence toujours considérable des communistes britanniques dans les milieux syndicaux et intellectuels, malgré un climat de guerre froide très hostile. Quoi qu'en disent les observateurs, il reste un parti communiste en Grande-Bretagne – et, ce dernier, tout comme son homologue français, s'apprête à faire face aux années de la déstalinisation.

Chapitre 5

Déstalinisations, 1956-1979

Les bouleversements qui secouent le mouvement communiste mondial au cours de l'année 1956 ont des conséquences similaires pour le CPGB et le PCF. En février, leurs dirigeants prennent connaissance du « rapport secret » de Nikita Khrouchtchev délivré au XXe Congrès du PCUS, dénonçant les crimes et l'incompétence de Staline, mais, en public, nient son existence. Cela n'empêche pas ces révélations dévastatrices d'être diffusées des deux côtés du rideau de fer, semant le doute, la désillusion et l'écœurement chez les anciens adeptes de « l'homme que nous aimons le plus ». En juillet, les émeutes à Poznań, en Pologne, annoncent les troubles et les limites de la déstalinisation, ce qui se confirme de façon spectaculaire, en novembre, avec l'entrée des chars soviétiques dans Budapest pour réprimer l'insurrection hongroise. Même si, au même moment, le PCF et le CPGB tentent d'attirer l'attention sur les mésaventures de l'impérialisme franco-britannique aux bords du canal de Suez, la brutalité de la crise hongroise interpelle les militants et les compagnons de route. Le siège du PCF à Paris est pris d'assaut, pendant que des tentatives par le CPGB d'organiser des grèves de protestation contre l'intervention en Égypte sont en proie au ridicule, sinon à une franche hostilité. Les deux directions restent fidèles à Moscou et pratiquent la censure dans leur presse : dans *L'Humanité*, André Stil voit « le sourire de

Budapest » dans les ruines d'une capitale libérée du « horthysme », et John Ross Campbell, directeur du *Daily Worker*, supprime les reportages trop lucides de son correspondant Peter Fryer, lequel finira par les faire publier dans la presse non communiste.

À la fin de cette année charnière, qui inaugure par la démystification de Staline et s'achève par une démonstration de violence de la part des « réformistes » soviétiques, le PCF et le CPGB ont perdu un quart de leurs effectifs, y compris des dirigeants syndicalistes et des intellectuels distingués. Une moitié des adhérents de la Young Communist League (YCL) a rendu sa carte. Si de telles désertions accélèrent l'émergence d'une « nouvelle gauche » en dehors des partis traditionnels, force est de constater, cependant, que la majorité des adhérents ne quittent pas le navire. Seulement onze ans après la Seconde Guerre mondiale, l'attachement à l'Union soviétique et le souvenir du fascisme – y compris du fascisme hongrois – restent vifs. Le fiasco de Suez semble confirmer la déliquescence des impérialismes français et britannique. En France, de jeunes intellectuels, tels François Hincker et Maurice Goldring, choisissent l'année 1956 pour adhérer au PCF, le seul parti politique majeur qui continue de s'opposer à la « guerre sans nom » en Algérie. Contrairement à ses collègues historiens Christopher Hill, George Rudé et E. P. Thompson, qui fonderont une « nouvelle gauche » autour des revues *New Reasoner* et *Universities and Left Review*, et malgré ses doutes, ouvertement exprimés dans plusieurs lettres au *Daily Worker*, Eric Hobsbawm reste viscéralement attaché à son « cercle de bons amis ». Par exemple, en juin 1959, dans une conversation interceptée avec Bill Wainwright, secrétaire général adjoint du CPGB, l'historien se déclare « terriblement contrarié d'entendre dire qu'il veuille quitter le Parti »[1]. En dépit d'un révisionnisme avéré, Hobsbawm demeurera membre du CPGB jusqu'à son autodissolution en 1991.

Mais le traumatisme de 1956 ne peut être sous-estimé. Le 22 novembre 1956, dans une lettre interceptée par les renseignements britanniques, Jack Lindsay exprime à Neville Carey son désarroi :

> Je trouve triste qu'on trouve une majorité pour une politique de non-autocritique, de falsification et de refus de condamner un crime. Cela est de mauvais augure pour le renouveau de notre parti ; personnellement, je crois que les ouvriers hongrois auraient pu réprimer les fascistes après une brève période de confusion, et je n'ai rien lu qui contredise cela. L'essentiel est que l'attitude du Parti communiste hongrois a entraîné la Russie dans ce bourbier et causé tous les troubles. En France, me disent des amis, les intellectuels quittent le parti en masse. Sa direction est tellement stalinienne qu'elle lance même des attaques contre la Pologne. Quand allons-nous dire la vérité sur l'exploitation « coloniale » des démocraties populaires qui est derrière tous ces troubles ?[2]

Cela dit, contrairement à la majorité des derniers écrivains du CPGB, dont la romancière Doris Lessing, Lindsay refuse d'abandonner son camp. Il s'explique ainsi dans ses mémoires inédits : « Il y avait toujours l'Union soviétique, avec toutes ses imperfections et toutes ses perversions, l'incarnation historique du socialisme, la seule voie possible. La renier, même dans la

---

[1] Kew : KV2/3985.

[2] Kew : KV2/3256.

moindre mesure, ce serait renier l'histoire, renier la vie elle-même »[3].

L'ambassade de France à Londres suit avec intérêt la crise au sein du CPGB. Un rapport du 10 novembre 1956 constate que l'affaire de Hongrie a provoqué les départs de John Horner, secrétaire général des Sapeurs-pompiers, de Jack Grahl, secrétaire général adjoint, et de Les Cannon, du Syndicat des Métiers électroniques, une organisation noyautée par le parti. Chez les intellectuels, les rédacteurs d'une revue communiste récemment fondée, *The Reasoner*, ont annoncé des décisions analogues. Pour l'ambassade, « ce sont surtout les manifestations des syndicalistes (les plus nombreux, comme on vient de le voir) qui sont importantes et qui peuvent avoir des répercussions profondes à l'intérieur des syndicats, et par conséquent dans le monde ouvrier britannique ». Dix jours plus tard, dans une synthèse sur « la déstalinisation en Europe septentrionale », les diplomates français font ce constat sur le cas britannique :

> S'il n'a pas pour lui les gros bataillons et si la philosophie marxiste n'a que peu de chance à séduire ce peuple à la fois épris de liberté, de libre discussion et, malgré les apparences, foncièrement religieux, le Parti communiste britannique compte des adhérents convaincus aussi bien dans les milieux intellectuels que parmi les chefs syndicaux. Ses fidèles, passionnément dévoués à la cause, ont réussi à noyauter de nombreux syndicats et se sont installés dans des positions clés dans plusieurs organisations ouvrières.

Néanmoins, il règne « une confusion et un trouble certain ». Le CPGB, « très tourmenté et tiraillé », a été l'un des derniers à

[3] Papiers, Jack Lindsay : *The Fullness of Life*, chapitre 9, p. 1.

prendre position face au défi de la déstalinisation. Le découragement semble en effet avoir gagné un grand nombre de fidèles « qui estiment que le Parti communiste est déconsidéré et n'a aucune chance, surtout en Angleterre, de réaliser l'union avec les Socialistes [...] Dans le Labour Party, les révélations de Khrouchtchev n'ont fait que renforcer les sentiments de méfiance et même de répulsion que l'immense majorité des travaillistes éprouvent pour le communisme ». Pourtant, en mai 1957, le Congrès extraordinaire du CPGB voit la défaite des révisionnistes et des éléments critiques qui se sont opposés à la direction du parti au cours de l'année passée. Malgré ses effectifs réduits et son absence au Parlement britannique, le parti conserve une certaine importance : « la puissance réelle du Parti communiste en Angleterre s'exerce davantage dans l'industrie que dans la politique, ce qui explique que les dissensions internes du Parti et la politique étrangère n'affectent pas fondamentalement l'autorité des chefs syndicalistes communistes »[4]. Par ailleurs, le communisme britannique n'est pas le seul mouvement de gauche à traverser une crise : le Labour, maintenu dans l'opposition de 1951 à 1964, s'entre-déchire sur les questions brûlantes de la nationalisation et de la bombe atomique.

Face au monde en mouvement

Outre-Manche, le PCF constitue une contre-société à part entière et le reste. Cependant, en mars 1957, un rapport de Colin Sweet sur le congrès fondateur de l'Union des étudiants communistes (UEC) révèle les changements en cours au sein de la gauche française, en particulier chez les jeunes générations.

[4] QO : 23QO/128.

Certes, « le Congrès a été marqué par un haut degré d'enthousiasme. De jeunes communistes qui ont combattu le fascisme ont reçu des ovations, comme les dirigeants du Parti et les délégués étrangers ». Toutefois, « Des divergences ont émaillé le Congrès et ont mené à des affrontements ouverts lors desquels le président de séance a eu du mal à maintenir l'ordre ». Face aux « gauchistes » et autres « tendances trotskistes », la majorité riposte en s'en prenant à la Nouvelle Gauche. Tant bien que mal, elle parvient à repousser les critiques de la politique algérienne du PCF et empêche l'insertion du mot « révolutionnaire » dans les statuts de la nouvelle organisation[5]. Les pousses qui feront exploser l'UEC au cours des années 1960 sont déjà en germe.

Pendant cette période, le CPGB joue un rôle considérable dans les luttes contre le colonialisme, le néocolonialisme et le racisme. Le parti est très actif dans le Movement for Colonial Freedom et soutient les propositions de législation contre la discrimination raciale en Grande-Bretagne. Rajani Palme Dutt analyse l'histoire et les retombées du Raj britannique, notamment dans *L'Inde d'aujourd'hui et de demain*, qui sera traduit en français pour les Éditions sociales.

En revanche, contrairement à la nouvelle gauche britannique, le CPGB agit peu sur la crise algérienne. En 1958, la traduction anglaise de *La Question* d'Henri Alleg, livre choc sur la torture pratiquée par l'armée française en Algérie, est faite par l'éditeur non communiste John Calder. Certes, début juin 1958, face au retour du général de Gaulle, le CPGB co-organise une réunion publique à Hyde Park afin de protester contre « la dictature fasciste » et manifester « la solidarité des travailleurs britanniques et des travailleurs français dans la lutte que mènent ces derniers pour la défense de la liberté et de la démocratie ». Cependant,

[5] CPGB : CP/CENT/INT/45/05.

l'ambassade de France observe avec amusement ce petit effort de solidarité transmanche :

> Cette réunion, annoncée dans quelques publications d'extrême gauche, et notamment dans *Tribune*, n'a pas, à ma connaissance, été mentionnée dans la presse ; n'ayant groupé que quelques centaines de personnes, elle serait passée à peu près inaperçue si la petite procession venue apporter à l'ambassade les résolutions que le Département trouvera ci-joint, n'avait, par mesure de précaution, été encadrée d'imposantes forces de police à pied et à cheval ; quelques bannières proclamant la haine du fascisme flottaient au-dessus de cette petite troupe, achevant de lui donner un air de carnaval dont les passants s'amusèrent un instant. [...] Une brusque averse dispersa en quelques secondes manifestants et curieux, et il ne demeura bientôt plus pour nous rappeler que le peuple de Londres menaçait de se soulever contre le gouvernement français que deux agents de police qui montèrent stoïquement mais inutilement la garde fort avant dans la nuit devant la porte de l'ambassade[6].

En avril 1959, Raymond Guyot visite Londres, apportant des documents sur l'Algérie. Harry Pollitt justifie le silence relatif de la presse communiste britannique sur ce sujet par le manque de place dans les colonnes du *Daily Worker* et lui promet de faire diffuser une brochure sur la guerre – une promesse qui restera sans suite. À la fin du mois, le CPGB envoie finalement une lettre de protestation à l'ambassade sur le regroupement de

---

[6] QO : 23QO/128.

villages en Algérie, mais seulement après la publication d'un reportage dans *Reynolds News*, quotidien de gauche non-aligné[7].

Si le CPGB s'avère timide sur le dossier algérien, en revanche, les deux partis se rejoignent dans leur opposition à la déviation chinoise. Lors des conférences mondiales des partis communistes de 1957 et de 1960, le CPGB et le PCF affirment leur attachement à la politique de coexistence pacifique et leur opposition à une direction maoïste qui mettrait la guerre nucléaire au service de l'émancipation des peuples. Le 15 janvier 1962, après une session particulièrement houleuse du Comité mondial de la Paix à Stockholm, le CPGB adresse une lettre aux comités centraux des partis soviétique, chinois, français et italien : « Nous voulons exprimer notre préoccupation extrême face à la division qui s'est révélée dans cette organisation indépendante des partis, de front uni, du fait de la position et de la conduite des camarades Liou Cheng-Chi et Lui Ning-I de Chine ». Waldeck Rochet, secrétaire du comité central du PCF répond : « nous partageons votre appréciation sur le fond des problèmes soulevés »[8]. Au XVIIe Congrès du PCF, en mai 1964, Gordon McLennan, délégué du CPGB, dénonce « la politique Désastreuse et erronée » des Chinois et appelle à une conférence internationale pour « restaurer l'unité » du mouvement communiste mondial[9]. Cependant, on peut distinguer des nuances dans les positions des deux partis sur le dossier chinois : le CPGB, en particulier, s'oppose à toute « excommunication » de la Chine (souhaitée par Khrouchtchev et par le PCF) et commence à affirmer publiquement la liberté de chaque parti d'élaborer sa propre voie vers le communisme. Mais les deux

[7] PCF : Fonds Raymond Guyot, 283 J 80.

[8] PCF : 264 J 12.

[9] CPGB : CP/CENT/INT/45/2.

partis restent vigilants face à la menace posée par les prochinois. Le 18 décembre 1962, Gaston Plissonnier se plaint même de la diffusion à Manchester d'un tract « anti-Khrouchtchev et coexistence pacifique »[10]. Cela dit, en Grande-Bretagne, comme en France, les déviationnistes maoïstes semblent peu influents. Le 26 janvier 1967, l'ambassade de Londres annonce au Quai « la répression de la tendance prochinoise » avec l'expulsion de Reg Birch, délégué syndical de Birmingham[11].

À la conquête d'une société nouvelle

Dans l'après-guerre, la France et la Grande-Bretagne perdent leurs empires et se trouvent contraintes de chercher de nouveaux rôles. Mais la grande crise annoncée par les idéologues léninistes du PCF et du CPGB peine à se réaliser. Les années cinquante et soixante sont une période de croissance et de modernisation sans précédent, marquée par des hausses importantes du pouvoir d'achat et l'émergence d'une société de consommation. La proportion des femmes dans le monde du travail (non-domestique) augmente et la nouvelle prospérité s'allie à l'expansion du système éducatif et des « loisirs » qui contribue à renforcer un esprit de « bande à part » au sein de la jeunesse des deux pays. Au cours de ces années, la France devient un pays à majorité urbaine et dépasse le PIB et la productivité d'une Grande-Bretagne devenue « homme malade » de l'Europe occidentale, piétinant devant la porte de la nouvelle Communauté économique européenne. Il faut cependant relativiser les difficultés de l'économie britannique : en 1959, le parti conservateur remporte sa troisième élection d'affilée avec le

[10] PCF : 264 J 12.

[11] QO : 28QO/173.

slogan, "*You have never had it so good*" (« Vous n'avez jamais vécu aussi bien »).

Mais les « trente glorieuses » ne sauraient amoindrir la critique du capitalisme. Les bénéfices de la croissance sont partagés de façon inégalitaire ; le système éducatif connaît des problèmes considérables ; les femmes, les jeunes et d'autres « forces nouvelles » développent leurs revendications. Les exploits du bloc soviétique dans les domaines de l'économie et de la science – à commencer par Sputnik et Youri Gagarine – semblent confirmer la supériorité de la planification socialiste et les pays décolonisés font rêver une nouvelle génération tiers-mondiste. C'est dans ce contexte, qui érode les vieilles certitudes léninistes tout en offrant de nouvelles opportunités, que les communistes britanniques et français développent leurs programmes de conquête et multiplient leurs échanges.

Ces échanges ne sont pas strictement politiques. En avril 1962, la famille Thorez passe deux semaines en Angleterre et en Écosse. Selon son biographe, John Bulaitis, le journal intime du leader communiste vieillissant « se lit comme un précurseur de TripAdvisor »[12]. À Canterbury, Thorez s'étonne que le dîner soit servi sans autres boissons que du jus de fruit et du thé. Aux bords du Loch Lomond, les chambres d'hôtel sont glaciales, sans chauffage, et, à Inverness, l'hôtel Caledonian ne sert pas le saumon et le tétras tant promis par le guide touristique. Le Fils du peuple parvient à la conclusion qu'Édimbourg est la plus belle ville de toute la Grande-Bretagne.

Cependant, en décembre 1963, Max Longuenesse, professeur d'anglais agrégé et militant syndicaliste du SNES, présente à la

---

[12] John Bulaitis, *Maurice Thorez. À Biography* (Londres : I. B. Tauris, 2018), p. 282.

section de politique extérieure (PolEx) du PCF un rapport fouillé sur des aspects de la situation politique en Grande-Bretagne. Selon lui, il importe de se préoccuper de la situation outre-Manche parce qu'il s'agit d'un « grand pays, qui joue un rôle international important. C'est un pays proche du nôtre, non seulement géographiquement, mais quant au point où il est de son évolution historique ». Une autre justification est qu'il y a en Grande-Bretagne un parti communiste « qui lutte vaillamment, dans des conditions difficiles, et a fait des progrès marquants ces dernières années ».

Longuenesse passe à un survol de la Grande-Bretagne actuelle. Selon le rapporteur, l'Angleterre et le Pays de Galles ne montrent « pratiquement pas de différence du point de vue politique et administratif quoique les Gallois aient des revendications à faire valoir sur les plans linguistique et culturel ». L'Écosse, en revanche, est « une région excentrique que le développement des industries nouvelles laisse de côté ». « Sans donner dans le chauvinisme du parti nationaliste écossais », les organisations ouvrières revendiquent que les parlementaires écossais siègent périodiquement à Édimbourg.

D'une manière générale, la Grande-Bretagne apparaît comme un pays à large prédominance industrielle, marqué par une industrialisation ancienne, aux dépens d'une petite propriété paysanne en voie de disparition. Cela n'empêche pas la subsistance d'un certain nombre de contrastes frappants :

> Non loin des énormes agglomérations industrielles sont d'immenses landes peuplées uniquement de moutons – en Écosse, on trouve encore des régions de structure économique et sociale quasi féodale, tel ce comté de Kinross où Sir Alec Douglas-Home est allé « démocratiquement » se faire élire député, pour assumer

> la charge de Premier ministre dont l'avait non moins « démocratiquement » investi ce petit groupe occulte, noyau de ce que l'on appelle aujourd'hui « l'Establishment » (la caste dirigeante).

Conséquence positive de la révolution industrielle, le pays a également une « classe ouvrière ancienne, nombreuse, combative, aux grandes traditions de lutte, à la conscience de classe profondément enracinée ».

Mais la Grande-Bretagne, comme la France, souffre sous le nouveau joug du « capitalisme monopoliste d'État ». L'avènement du capitalisme de monopole a abouti à « une concentration des richesses aujourd'hui poussée au maximum », marqué par une « accumulation de la richesse à un pôle et de la misère à l'autre ». Les avantages gagnés grâce au gouvernement Attlee, notamment le *Welfare State*, sont peu à peu rognés par l'intensification de l'exploitation et l'augmentation des impôts, des prix, et des loyers. À cela s'ajoute « la pourriture morale étalée lors du scandale Profumo » (affaire de 1963 impliquant le ministre de la Guerre conservateur et la maîtresse d'un attaché militaire soviétique).

Sur le plan international, l'impérialisme britannique semble entrer dans une crise terminale comme le montre le fiasco de Suez, les accords de Nassau (portant sur la fourniture par les Américains de missiles nucléaires au Royaume-Uni), et l'attente interminable du pays à la porte du Marché Commun. Selon James Gollan, successeur de Harry Pollitt au secrétariat général du CPGB, « le refus de l'adhésion a été le pire camouflet jamais subi par l'impérialisme britannique ». Simultanément s'effondrent les mythes du « partenaire privilégié » des USA et de « la force de dissuasion indépendante », même si cette puissance impériale moribonde s'accroche encore à « la vanité de la course aux armements atomiques ».

À la veille de l'année 1964, « une grande volonté de changement se manifeste. Tout le monde s'attend à la défaite des conservateurs ». Selon Longuenesse, il faut « ne pas sous-estimer la force de l'esprit et de la tradition démocratique dans le peuple : attachement aux libertés fondamentales, horreur du fascisme, si bien qu'aucun mouvement fasciste n'a jamais réussi à conquérir une audience ». Cela dit, « il faut bien voir que le système électoral, le « bipartisme », le fonctionnement même des partis politiques font de la démocratie bourgeoise anglaise une des moins démocratiques qui soit ». Pour garder le pouvoir, le parti conservateur exploite le patriotisme, le parti libéral se renouvelle et remporte des élections partielles, tandis que les travaillistes « tiennent à apparaître comme de meilleurs gérants de la société capitaliste que les Tories [conservateurs – NDLA] ». Autre signe de changement imminent, Longuenesse constate, à juste titre, « l'apparition de cabarets politiques, émissions satiriques à la TV, mise en cause ouverte de « l'Establishment », et en particulier de la monarchie, chose impensable il y a quelques années ».

Mais le CPGB pourrait-il tirer profit de la « stagnation économique » et de « la crise de l'impérialisme britannique » ? Longuenesse s'avère optimiste : « dans toutes ces luttes et cette prise de conscience, le Parti communiste britannique a joué et joue de mieux en mieux son rôle mobilisateur, d'avant-garde ». Les événements de Hongrie ont porté un coup très rude, mais au Congrès de 1957, « une vigoureuse bataille contre l'opportunisme et le révisionnisme » a été gagnée. Entre 1958 et 1963, le nombre d'adhérents a connu une hausse de 40 %. Autre aspect positif : la grande majorité des nouveaux adhérents sont des ouvriers de l'industrie. En outre, si le *Daily Worker* a publié quelques lettres de lecteurs (au printemps 1963) favorables au maoïsme, le Congrès d'avril 1963 a fermement condamné les thèses chinoises.

Longuenesse conclut que « notre presse devrait s'efforcer d'accorder plus de place aux événements de Grande-Bretagne, et d'avoir des informations mieux orientées ». Il faudrait quelqu'un sur place « chaque fois qu'il y a un événement impérialiste ». Il faudrait faire « un travail de démystification face aux illusions entretenues par les publications bourgeoises ». Finalement, « il serait souhaitable d'accorder une attention suivie aux jumelages de certaines de nos municipalités avec des villes anglaises. Des lettres reçues de communistes anglais maintiennent qu'ils attendent une aide de notre part »[13].

Dans une certaine mesure, la diplomatie française partage ce jugement sur la résilience du CPGB après la crise de 1956. En février 1959, l'ambassade de France estime que son absence de la scène parlementaire « ne doit pas faire prendre à la légère l'action menée sur d'autres plans par les communistes britanniques. Le peu d'importance des résultats enregistrés jusqu'ici ne les empêchera pas de poursuivre inlassablement leurs efforts en vue de la désorganisation de l'économie et de l'exploitation des sentiments pacifistes d'une partie de la population de ce pays ». Une étude d'Henry Hauck, chargé d'affaires, identifie lucidement les causes de la marginalité politique du CPGB : « l'attachement instinctif du peuple anglais au système des deux partis et à la légalité constitutionnelle, la puissance du mouvement travailliste et la méfiance des dirigeants de celui-ci à l'égard du parti communiste et, sans doute plus encore, l'incompatibilité fondamentale entre le dogmatisme marxiste rationnel et intellectuel qu'affichent le parti communiste et

---

13 PCF : 307 J 16.

l'empirisme intuitif des Anglais. On pourrait ajouter que la tradition révolutionnaire, si forte dans les pays continentaux et en particulier en France, est à peu près inexistante dans les rangs du mouvement ouvrier britannique ». Mais Hauck constate également l'activité considérable des communistes britanniques dans le mouvement pour la paix, notamment la Campaign for Nuclear Disarmament (CND), et les syndicats. Pour le diplomate français, « le chômage qui monte, la politique de stabilisation des salaires que préconise le Gouvernement, le refus des employeurs de faire droit aux revendications ouvrières et notamment de réduire la semaine de travail, peuvent favoriser l'action des communistes dans les entreprises et dans les syndicats ». Les « querelles intestines du Labour » rendent ce terrain encore plus favorable[14]. L'évolution de la situation en Grande-Bretagne semble confirmer la justesse de cette analyse. Le 9 avril 1963, l'ambassade informe le Quai que, avec 39 000 adhérents au parti et à la YCL, les communistes britanniques « auraient largement retrouvé la force numérique qu'ils avaient avant la répression du soulèvement hongrois en 1956 »[15]. Effectivement, malgré sa faiblesse évidente, le CPGB reste de loin le plus grand parti « à gauche de la gauche » dans l'histoire de la vie politique britannique.

À l'instar de son homologue français, Waldeck Rochet, John Gollan veut que son parti sorte de son ghetto de guerre froide pour devenir un parti de masse. Mais les élections parlementaires de 1964 voient la victoire du parti travailliste d'Harold Wilson (44 % des voix) et l'échec des 35 candidats communistes (3 % en moyenne), malgré une sérieuse mobilisation des ressources du CPGB. Cela dit, lorsque Gordon McLennan, organisateur

[14] QO : 23QO/128.
[15] QO : 28QO/173.

national, s'adresse au XVIIe Congrès du PCF, il insiste sur les belles perspectives qui s'offrent aux deux partis :

> Il y a de nombreuses parallèles entre la situation en France et dans notre pays. Vous avez remarqué que ce Congrès marque l'anniversaire de six années de pouvoir gaulliste pendant lesquelles la puissance des monopoles s'est accrue et la campagne contre le niveau de vie du peuple a continué. En Grande-Bretagne, nous nous approchons de la fin de douze années de pouvoir tory pendant lesquelles un processus économique et politique semblable s'est déroulé en même temps que le gouvernement poursuit la désastreuse politique étrangère et militaire de l'OTAN. [...] Le capitalisme britannique, comme le capitalisme français, est confronté à des problèmes économiques sévères qui deviennent plus évidents avec chaque jour qui passe[16].

Son parti semble surfer sur cette vague. Le nombre d'adhérents du CPGB augmente, et les effectifs de la YCL ont doublé. Les candidats communistes aux élections municipales ont récolté 200 000 voix et le parti a pu présenter des candidats aux élections législatives (bien que McLennan taise leurs scores).

Les échanges souhaités par Longuenesse s'intensifient. Le 8 août 1963, la cellule communiste de Birkenhead, ville portuaire du nord-ouest d'Angleterre, écrit à Gaston Plissonnier concernant un possible jumelage avec Gennevilliers. On explore également la possibilité d'un jumelage entre Saint-Denis et Coatbridge, quartier populaire de Glasgow. En mars 1964, pour marquer le 75e anniversaire de la grande grève des dockers londoniens, le bateau *Royal Daffodil* emmène 1 800 dockers et

[16] CPGB : CP/CENT/INT/45/02.

leurs épouses à Calais, où ils sont accueillis par des ouvriers de ce port fortement communiste. En août 1965, sur fond de crise sino-soviétique, Gustave Ansart, député du Nord et membre du bureau politique, assiste aux obsèques de Willie Gallacher, figure légendaire de la *Red Clydeside* et ancien député communiste de West Fife. À Paisley, Ansart côtoie des représentants bulgares, autrichiens, roumains, soviétiques, italiens, et polonais, parmi une foule importante, évaluée à 40 000 personnes, massée sur les trottoirs. Lors du repas du soir, à Glasgow, le Français constate que « tous ces camarades étaient très préoccupés par la situation du mouvement communiste international et certains manifestaient même un certain désarroi ». D'un point de vue plus positif, Ansart n'a pas eu d'ennui avec la police britannique. Par contre, « à l'aérodrome de Lille où je prenais l'avion pour la première fois on a fouillé mes bagages [...] J'ai protesté énergiquement, ce qui a eu pour effet de faire retarder l'avion »[17].

Le milieu des années soixante voit le CPGB et le PCF développer ensemble leurs programmes. En 1965, dans le *Daily Worker* et *Comment* (hebdomadaire du CPGB), Sam Russell et Lucien Mathey argumentent en faveur de l'unité de la gauche dans leur pays respectif. En juillet 1966, une délégation menée par Jimmy Reid, Jeune Espoir du militantisme syndical écossais, séjourne en France et où il a des entretiens « approfondis et fructueux » à Châtillon-sous-Bagneux avant de visiter le Mur des Fédérés et l'École Centrale du PCF. En octobre 1966, Gaston Plissonnier évoque le succès (modeste, il faut le dire) du stand du *Morning Star* (successeur du *Daily Worker*) à la Fête de l'Humanité : « Cet intérêt s'est concrétisé par la vente de 21 numéros de *Marxism Today* [revue théorique du CPGB], 34 numéros de *Comment*, plus un abonnement à *Marxism Today* et

[17] PCF : 261 J 7/41.

3 abonnements à *Comment*, ainsi que 80 livres et brochures en anglais ». Le même mois, F. Thraval soumet un compte rendu de sa participation à la Conférence économique du CPGB, à Luton. Il y constate les similitudes avec la France : politique des revenus, intervention croissante de l'État en faveur des monopoles. La conférence s'est penchée sur les crises que traverseraient l'impérialisme britannique, l'impérialisme mondial, l'idéologie impérialiste et l'idéologie réformiste. Mais Thraval constate aussi des différences : une « hésitation à présenter des analyses théoriques » ; une « difficulté à attaquer de front l'impérialisme ». De tels défauts semblent s'expliquer par la force relative du CPGB face au nombre de responsables syndicaux d'obédience travailliste. De plus, « objectivement l'impérialisme anglais est beaucoup plus intégré que le nôtre dans l'impérialisme mondial ». Néanmoins, on se félicite du succès d'une délégation de la fédération des cheminots CGT en Grande-Bretagne en octobre 1967 : « Nous considérons cette visite officielle en Angleterre comme une tentative importante d'une fraction de la gauche au sein des TUC britanniques et même du parti travailliste, de rapprochement avec les syndicats de la CGT »[18].

Chose rare, sur le plan culturel, les intellectuels communistes français s'intéressent à la Grande-Bretagne. Fin mai 1964, *Les Lettres françaises* sortent un numéro spécial pour célébrer les 400 ans de Shakespeare. Ce numéro, assorti de neuf dessins spécialement réalisés par Pablo Picasso, illustre la ligne éditoriale d'ouverture menée par Louis Aragon et Pierre Daix : « Au cours des vingt dernières années, nous avons vu un véritable bouleversement de nos connaissances de Shakespeare et des façons d'aborder son œuvre. Vous allez être plongés au cœur même des discussions et vous vous apercevrez que rien ne

[18] *Ibid.*

ressemble moins aux traditionnels coups de chapeau »[19]. Aux côtés de contributions d'intellectuels, metteurs en scène et acteurs tels que Henri Fluchère, Pierre Leyris, Peter Hall, Kenneth Tynan, et John Gielgud, le numéro comporte également des reportages sur Shakespeare en Grande-Bretagne, mais aussi aux États-Unis, en Allemagne – de l'Ouest aussi bien que de l'Est –, Tchécoslovaquie, Pologne, et, pour l'URSS, un essai par Boris Pasternak, auteur du *Docteur Jivago*. Dans un numéro spécial d'*Europe*, Michel Saint-Denis voit dans les tragédies de Shakespeare une vue de l'histoire qui « nous ramène à notre époque, au drame de conscience qui ne cesse de nous travailler depuis que nous avons pris part aux guerres, assisté aux liquidations et aux tortures qui ne cessent d'affliger notre "civilisation" »[20].

L'esprit est au dégel culturel. Au nom de l'humanisme socialiste, des intellectuels des deux partis tendent la main à leurs homologues chrétiens, bien que ce « révisionnisme » rencontre l'opposition du philosophe Louis Althusser et de ses disciples. En 1966, le CPGB et le PCF rejoignent leurs camarades italiens et espagnols en condamnant les mesures répressives prises par les autorités soviétiques contre les écrivains Siniavski et Daniel. Mais la déstalinisation culturelle peut être un processus délicat. En octobre 1965, à la veille de sa publication dans le *Daily Worker*, George Matthews, rédacteur en chef, envoie à Waldeck Rochet une interview avec le critique d'art John Berger sur son nouveau livre, *Le Succès et l'échec de Picasso*. Berger y accuse le PCF d'avoir « manqué d'audace révolutionnaire sous l'influence du dogmatisme de Jdanov »[21]. Au lieu d'aborder l'œuvre de Picasso

---

[19] *Les Lettres françaises*, 28 mai au 2 juin 1964.

[20] *Europe*, janvier-février 1964, p. 49.

[21] *Daily Worker*, 30 octobre 1965.

de façon marxiste, le parti avait transformé l'artiste en objet d'adulation. Rochet envoie une réponse indignée à Matthews :

> Lors de notre XVIIe Congrès, j'ai eu l'occasion de rappeler dans mon rapport l'importance que nous attachons à la présence dans nos rangs de nombreux et grands intellectuels, et notre souci de les voir travailler et combattre sur les positions idéologiques de la classe ouvrière, dans l'intérêt du progrès social et de la paix. Cependant, cette préoccupation ne saurait nous conduire à définir leur place, ou à leur dicter les formes et les méthodes de réalisation de leurs œuvres, qui sont forcément variées.

Effectivement, cette approche post-stalinienne de la culture et du rôle de l'intellectuel est entérinée lors du Comité central d'Argenteuil, l'année suivante. De manière typiquement prudente, Rochet décline l'invitation de Matthews à publier une réponse dans le *Daily Worker* : « nous ne pensons pas qu'il soit souhaitable, dans les circonstances présentes, d'ouvrir une polémique publique dans vos colonnes, sur cette question »[22].

Malgré les crises successives depuis 1956, le PCF occupe toujours une place importante dans la vie intellectuelle française. En mars 1966, dans une lettre à Louis Aragon, Jack Lindsay contraste cette situation avec sa grande solitude en tant qu'écrivain communiste outre-Manche : « Bien entendu, je reste dans le parti, en fait (à part le poète Hugh MacDiarmid, perdu dans son royaume écossais) je suis le seul écrivain créateur à y rester. La faiblesse du parti ici rend la tâche de nous isoler facile pour les réactionnaires. » Sur le plan politique, « les choses vont assez mal. Je veux dire dans le sens de la passivité et de la

---

[22] PCF : 307 J 145.

dépolitisation : pas aussi graves qu'aux États-Unis, mais chaque jour nous suivons la voie américaine sous la direction compétente de cet horrible méthodiste Harold Wilson »[23].

Pendant cette période, le nouveau secrétaire général du PCF poursuit une politique d'union de la gauche avec la SFIO et François Mitterrand – lequel a établi une relation de confiance avec Rochet à Londres en 1944. Cette politique porte immédiatement ses fruits : au premier tour des élections présidentielles de 1965, Mitterrand met en ballottage de Gaulle, qui perd son assise majoritaire sur le pays. Aux élections municipales puis législatives, le PCF et l'ensemble de la gauche renforcent leurs positions. La victoire électorale semble proche.

Les communistes français attirent, une fois de plus, l'admiration de leurs camarades britanniques. En septembre 1966, Jimmy Reid fait un rapport sur le Congrès du PCF. Selon lui, ce parti, fort de 400 000 adhérents répartis dans 19 000 cellules, connaît certains des problèmes familiers au CPGB : « on nous a dit qu'il y a des camarades qui veulent militer au sein des syndicats et qui négligent le Parti et son activité ». Mais, d'une manière plus générale, « on a l'impression d'un parti trempé et mûri dans la lutte, enraciné dans la classe ouvrière, soutenu par des sections importantes d'intellectuels, qui parle avec autorité au nom de la classe ouvrière et de la nation, et qui est respecté par tous ». La guerre d'Algérie et l'appel des « monopoles capitalistes » au retour du général de Gaulle avaient divisé la classe ouvrière et affaibli le PCF. Mais la période actuelle, marquée par le soutien à Mitterrand, voit la possibilité d'un « programme commun », et « de grandes luttes syndicales et paysannes ». Les années gaulliennes ont connu une augmentation importante de la production industrielle, mais le pouvoir d'achat

[23] Papiers, Jack Lindsay : MS 7168, carton 31, dossier 174.

stagne. « Au total, conclut Reid, la prochaine période en France offre des perspectives excitantes »[24].

Malheureusement, le PCF est moins optimiste sur la situation du CPGB. En décembre 1967, Gustave Ansart fait un rapport sur le Congrès du CPGB. Le délégué français commence par se plaindre des très mauvaises conditions matérielles de l'écoute : « Nous avons eu, le Camarade Rimbaud et moi, des interprètes qui traduisaient mal ; nous n'avions pas de casques, d'écouteurs [...] Ceci dit, nous avons été reçus avec beaucoup de fraternité et d'égards, y compris du point de vue matériel ». Ansart constate également l'organisation différente du Congrès britannique où « il n'y a pas de rapport central mais une série de rapports écrits diffusés avant le Congrès, soumis aux amendements ».

Le Congrès aborde les crises impérialistes, notamment en Rhodésie et au Vietnam. Les délégués s'acharnent sur la politique menée par le gouvernement travailliste : « Wilson appuiera les désirs et les revendications de la partie la plus dynamique de la bourgeoisie désireuse de donner une capacité nouvelle, un souffle nouveau au capitalisme anglais [...] Wilson pouvait changer, mais n'infléchit pas une politique typiquement impérialiste à l'est de Suez et dans les divers points du monde ». En politique intérieure, le Labour essaie de sauver la livre sterling, imposant aux ouvriers une politique de contrôle des salaires qui a déclenché un vaste mouvement de revendications.

Ansart diagnostique chez ses camarades britanniques « le complexe du petit parti » qui l'amène « soit à des positions de repli ou alors à des positions plus qu'audacieuses ne tenant guère compte des réalités ». Il se réjouit de la quasi-absence des éléments gauchistes mais se demande : « Pourquoi alors qu'il y a

[24] CPGB : CP/CENT/INT/45/2.

tant de déception avec Wilson, le Parti ne se renforce pas ? [...] J'ai remarqué que beaucoup de délégués, et même des dirigeants préféraient, à la tribune, le discours de meeting à l'analyse approfondie ». Cependant, le visiteur français observe avec une certaine tendresse cette réunion très *british* :

> Atmosphère sereine. On dit des choses parfois énormes. Le Bureau reste calme. On sourit même, on rit franchement, parfois. Les résolutions sont adoptées à main levée. On décompte les opposants. Les abstentions. En les comptant avec calme [...] Une grande discipline dans le Congrès. Des gens sérieux. Enthousiastes, même. Assez émouvant leur accueil surtout aux délégués (6 ans – seuls sur notre île). Ils aiment le monde et ses luttes.

Il conclut : « le Parti est faible, joue un rôle assez faible. Mais c'est un parti communiste. Et qui fera son expérience. Que nous devons aider dans la mesure de nos possibilités. [...] S'il fallait tirer une leçon pour nous : l'unité est une lutte nécessaire »[25].

Regards britanniques sur mai 68

En 1968, le PCF a 350 000 adhérents et 67 députés, le CPGB 30 000 adhérents et aucun député. Malgré son rôle actif dans les grèves récentes, notamment celle des dockers, qui inspire des théories complotistes émises par Harold Wilson et la presse britannique, le CPGB stagne. La YCL, cependant, va à l'encontre de cette tendance. Ses effectifs augmentent progressivement au cours des années soixante – un succès qui semble lié à l'intérêt nouveau porté par l'organisation aux grandes questions sociétales de la décennie. Ainsi, la couverture du pamphlet, *The Trend-Communism*, publié par la YCL en 1967,

[25] PCF : 261 J 7/1b.

illustre un jazzman noir accompagné d'une jeune femme habillée dans un style très sixties, sur un fond qui évoque le pop art. Effectivement, la YCL met mal à l'aise une direction vieillissante et guindée en discutant ouvertement des sujets tels que la drogue, le sexe, et les nouveaux mouvements sociaux, par exemple, le féminisme. N'oublions pas que, pour un temps, la YCL compte dans ses rangs Pete Townshend, le guitariste de The Who, qui, avant l'immense succès de *My Generation,* se donne en concert au Rhythm and Blues Club de la cellule YCL de Wembley pour la somme princière de 13 £.

Les communistes connaissent également un certain succès chez les étudiants. En décembre 1967, l'ambassade de France note : « c'est au sein du monde étudiant que le « noyautage » communiste joue un rôle décisif. Une poignée de jeunes étudiants communistes – ils ne sont que 750 – a réussi à imposer à l'Union Nationale des Étudiants qui compte 380 000 membres une organisation de plus en plus gauchisante »[26]. En revanche, la YCL et la Radical Student Alliance dans laquelle les communistes s'activent, se voient défiées, voire débordées, par des militants trotskistes et maoïstes, ainsi que par divers groupes de la « Nouvelle Gauche », notamment la Revolutionary Socialist Student Federation. Les activistes Tariq Ali et Robin Blackburn, du groupe marxiste international (IMG), atteignent une notoriété nationale, tandis que Fergus Nicholson, organisateur des étudiants communistes, reste dans l'anonymat. Leur Vietnam Solidarity Campaign éclipse le vieux Movement for Colonial Freedom auquel le CPGB est affilié.

Des « perspectives excitantes », *dixit* Jimmy Reid, seraient-elles toujours de l'autre côté de la Manche ? Le 16 février 1968, dans sa dépêche au Foreign Office, Sir Patrick Reilly,

[26] QO : 28QO/173.

ambassadeur à Paris, se montre prescient après un déjeuner diplomatique avec le président de Gaulle :

> Le Général était en pleine forme physiquement. Mais sa capacité mentale et son jugement semblent être devenus plus rigides. Son esprit semble moins ouvert aux idées nouvelles et beaucoup de ses lignes de pensée récurrentes sont soit héritées de sa jeunesse, soit banales. [...] Son antiaméricanisme est devenu plus prononcé et affecte son jugement sur toutes les questions internationales ; il doute que la Grande-Bretagne puisse jamais être admise dans la CEE ou qu'elle ait un avenir comme une nation unie et puissante. [...] Nous ne pouvons y trouver aucun réconfort. Peut-être que les choses doivent empirer avant de s'améliorer. Le Général mène encore la plupart des Français, y compris ses ministres, où il veut. Mais il y a des signes de doute et de malaise concernant son jugement qui n'existaient pas il y a trois ans. On craint qu'il ne fasse quelque chose de vraiment destructeur. On ne peut exclure la possibilité que son règne soit terminé par une crise avant la fin de son mandat en 1972[27].

Il y a de nombreuses raisons pour lesquelles les communistes britanniques portent un regard favorable sur les événements de mai-juin 1968. Ils y trouvent un écho de leurs propres luttes – celles contre la guerre du Vietnam, celles en faveur d'un partage plus juste des bénéfices des Trente Glorieuses, ou encore celles sur l'émancipation sociale par l'éducation et la culture. Dès le début des événements, le comité exécutif du CPGB envoie un message saluant le PCF « qui, avec les ouvriers, les paysans, les professeurs, les étudiants et d'autres, lutte avec détermination contre les grands monopoles et pour la fin du règne du pouvoir

[27] Kew : FCO 33/36.

personnel »[28]. Le 17 mai 1968, dans le *Morning Star*, Chris Gilmore, de la Radical Student Alliance, évoque la Nuit des barricades et ses retombées :

> Quand j'ai quitté la Sorbonne à Paris pendant la nuit de jeudi, une ambiance conviviale prédominait encore. Même les étudiants à la tête couverte de bandages et ceux qui marchaient avec des béquilles, victimes de la brutalité vicieuse de la police pendant la semaine passée, ne se souciaient pas de leurs blessures, mais participaient à l'ambiance d'excitation, de débat et de victoire. [...] Les étudiants de gauche, qui sont loin d'être minoritaires, attaquaient le contenu des programmes scolaires et les examens, surtout en sciences sociales, à cause de son obsession envers l'éthique libérale bourgeoise.

Les étudiants, poursuit Gilmore, contestent le paternalisme et l'autoritarisme, et, ce faisant, forgent des alliances plus larges :

> Il y avait des revendications étudiantes, mais aussi une frustration et une colère croissantes dirigées contre un régime et une philosophie sociale dégénérés, une prise de conscience chez les étudiants que leurs intérêts et ceux de la classe ouvrière se ressemblaient de plus en plus [...] Il y avait une réaction réciproque chez les jeunes ouvriers, qui, après des atermoiements, notamment au sein des partis politiques de la Gauche et le mouvement syndical, comprirent que les étudiants ne pouvaient pas être écartés à la légère comme des enfants d'une classe privilégiée[29].

L'expérience d'Eric Hobsbawm diffère nettement de celle de Gilmore et indique le défi que ces événements lancent au PCF et

---

[28] CPGB : CP/CENT/INT/45/02.

[29] *Morning Star*, 17 mai 1968.

au « vieux monde » en général. En mai 1968, Hobsbawm est à Paris pour un grand congrès de l'Unesco sur « Marx et la pensée scientifique contemporaine ». Selon lui, le mouvement étudiant met mal à l'aise un gardien du flambeau de l'historiographie de la Révolution française :

> Albert Soboul se tenait droit, le visage solennel, vêtu d'un costume sobre, cravaté comme il sied à une personnalité universitaire connue, défilant avec des étudiants assez jeunes pour être ses enfants et qui criaient des slogans qu'il désapprouvait profondément en tant que membre loyal du PCF. Mais comment un homme fidèle à la tradition de la Révolution et de la République pouvait-il s'abstenir de descendre dans la rue en de telles circonstances ?

De fait, Hobsbawm est choqué par l'indifférence manifeste des marxistes invités au jamboree : « On y discutait de points d'interprétation de la théorie marxiste, tandis que les étudiants manifestaient dehors. Personne ne semblait avoir conscience de ce qui se passait dans la rue »[30].

Le 26 mai, le CPGB tient un meeting dans Hyde Park, Londres, auquel assistent plus de 500 personnes, qui se dirigent ensuite vers l'ambassade de France pour présenter une lettre à M. Son Excellence Geoffroy de Courcel. Dans la délégation se trouvent Gordon McLennan, organisateur national, Max Egekick, secrétaire chargé de la propagande, Joe Parker, « métallo important », et Jim Hiles, « ouvrier du bâtiment bien connu ». La lettre déclare à l'ambassadeur de France : « Ce meeting dans Hyde Park apporte son soutien total à la lutte des ouvriers, des étudiants et du peuple de France pour des revendications sociales et démocratiques justes et immédiates ». Elle dénonce « la

[30] Hobsbawm, p. 298.

brutalité de la police et des forces de l'ordre » et conclut : « Nous sommes confiants que les efforts faits pour vaincre de Gaulle et son régime de dictature personnelle vont réussir. Nous nous engageons à redoubler nos efforts en Grande-Bretagne pour une politique alternative et œuvrer pour amplifier les actions de solidarité avec les forces démocratiques en France. »

Effectivement, quatre jours plus tard, le puissant district londonien du CPGB organise un meeting de solidarité, auquel s'adresse Jack Woddis, chef du département international du parti. Il décrit le PCF comme « le seul Parti qui ait combattu sans cesse de Gaulle et son gouvernement et qui a mené les luttes du peuple français pendant ces dix dernières années ». Seul le PCF s'oppose à l'OTAN et au Marché commun. « Jusqu'à nos jours », continue Woddis, « Mitterrand, Mollet et les autres dirigeants de la Fédération de gauche le soutiennent – y compris la notion de supranationalité ». Woddis s'acharne sur le frère ennemi socialiste, accusant Mitterrand et Mendès-France de mener une campagne anticommuniste quand « l'anticommunisme qui provient de la position "gauchistes" plus en vogue n'est pas plus progressiste que l'anticommunisme traditionnel de la droite ». La critique gauchiste de la conduite du PCF pendant les événements reçoit un écho dans la presse britannique de gauche non communiste : « Quelle surprise ! *The Observer*, *Guardian*, *Times*, *New Statesman* et d'autres journaux qui, l'année dernière, s'indignaient des méchants communistes britanniques qui organisaient la grève des marins, la grève des dockers, la grève du bâtiment chez Myton, la grève des métallos chez Roberts Arundel, etc. – se plaignent que les communistes français trahissent les ouvriers parce qu'ils ne sont pas assez militants ». Woddis appelle ensuite à une nouvelle unité : « Tous ceux qui veulent le changement ne peuvent le réaliser que s'ils s'unissent pour battre de Gaulle et le grand patronat ». La conjoncture apparaît prometteuse : une grève générale balaie l'Europe occidentale ; en Italie, 8,5 millions électeurs ont choisi le PCI aux élections récentes ; et d'énormes manifestations contre la législation d'urgence font la une des journaux en RFA. L'impérialisme occidental est confronté à une « une crise politique aiguë ». L'unité est donc nécessaire contre le nouvel ennemi mortel : le capitalisme monopolistique : « ces monopoles géants s'étendent à travers les frontières. Ils contrôlent de vastes ressources économiques. Ils contrôlent les Gouvernements et traitent les Parlements comme des marionnettes ». En Grande-Bretagne, conclut Woddis, « le peuple connaît des problèmes similaires. Mais jusqu'ici, le mouvement de déception envers la politique du gouvernement Wilson ne s'est encore pas traduit par un puissant mouvement uni de la gauche comme celui que nous voyons en France. Cette unité est essentielle. Sans elle, et sans un parti communiste plus fort comme partenaire dans cette unité, les choses seront beaucoup plus difficiles. L'unité est en train de conquérir la France. Qu'elle s'avance en Grande-Bretagne aussi »[31].

L'ambassade de Grande-Bretagne à Paris offre un point de vue moins exalté :

> Mai 1968 est déjà immortel dans l'histoire de France. En un mois, la France a été emportée jusqu'au bord d'une révolution, n'a pas apprécié ce qu'elle a vu au-dessous, et a reculé par obéissance à la voix du vieux maître. [...] Les bouleversements de mai ont de nombreuses causes, mais la principale demeure la nature de l'autorité politique sous la Ve République. Elle s'est avérée remarquablement fragile

[31] CPGB : CP/LON/INT/01/11.

sous la pression. Désormais, le général de Gaulle et son gouvernement vont vivre dangereusement[32].

Comme tant d'observateurs français et étrangers, les diplomates britanniques font peu mention de l'ambition idéologique et utopique des militants de mai 68 et du regain donné par les événements aux mouvements sociaux. À la place, une certaine condescendance britannique pousse les diplomates anglais à insister sur le caractère dysfonctionnel du régime gaullien.

Mais revenons à nos rouges. On aurait pu croire que le PCF afficherait sa reconnaissance face aux démonstrations de solidarité de son parti-frère. Cependant, fin juillet 1968, au sein du collectif Grande-Bretagne de la PolEx, Pierrette Le Corre, angliciste et normalienne, dresse un bilan contrasté de la couverture des événements par le *Morning Star*. Certes, le *Morning Star* a accordé une place considérable aux événements français : « Il a dans l'ensemble donné beaucoup plus de place aux mouvements ouvriers qu'aux mouvements étudiants. Il ne s'est jamais laissé aller à parler de révolution socialiste, de spontanéité, de lutte des générations, etc. [...] Il a accordé une très large place aux déclarations du PCF et la CGT, y compris sur les dangers de l'aventurisme et l'action des groupes gauchistes ». Cependant, le mouvement étudiant « a été présenté sous un jour un peu idyllique, les batailles de rues apparaissant toujours comme une riposte et jamais comme une provocation. La manipulation des assemblées d'étudiants dans un but anticommuniste ne s'est jamais mentionnée. La critique des activités gauchistes n'apparaît que dans les déclarations du PCF comme si le *Morning Star* ne voulait pas s'engager à ce point ». Cette réserve des Britanniques « pourrait s'expliquer par le

32 Kew : FCO 33/38.

déroulement parallèle d'actions étudiantes en Angleterre sans affrontements de communistes aux côtés d'étudiants gauchistes et la crainte de diviser des forces encore plus minoritaires. Aussi au fait que le *Morning Star* tient à rester le seul journal de gauche et rester ouvert à des non communistes. Mais peut-être aussi parce que, malgré des progrès considérables l'élément intellectuel reste encore proportionnellement assez fort parmi les lecteurs ».

Le camarade Le Corre braque ensuite ses critiques sur la gauche non communiste britannique. Le *New Statesman*, hebdomadaire « très « sérieux » », a été pris « d'un zèle révolutionnaire ardent et a dénoncé la trahison de la révolution et le refus des barricades de cet agent de De Gaulle qu'est le PCF ». Le *Tribune*, organe de l'aile gauche du Labour, a donné des réactions « contradictoires » aux événements français, allant de la surenchère PSU à « une étude plus réaliste des faits ». Quant au premier ministre Harold Wilson, Le Corre considère que son attitude envers les événements en France « semble avoir été celle de la tolérance amusée »[33].

Cette attitude indulgente semble confirmée par la visite à Londres de Dany « Le Rouge » Cohn-Bendit, que de Gaulle vient d'expulser de l'Hexagone. Bien qu'il organise une occupation des studios de la BBC sur la Wood Lane, l'auguste Corporation ne s'irrite pas de sa visite :

> M. Cohn-Bendit, connu aussi sous le surnom de Dany le Rouge à cause de ses cheveux roux [...] a nié venir en Grande-Bretagne pour causer des ennuis et a ignoré les menaces de mort contre lui. « C'est très intéressant ce que les gens pensent que je suis en train de faire. Je dois être

[33] PCF : 261 J 7/41.

> une sorte de Batman ou Superman. C'est vraiment rigolo. On croit que j'organise une révolution mondiale »[34].

En France, le quotidien *L'Aurore* fait courir le bruit que la BBC prévoit de diffuser un discours en français de Cohn-Bendit le 18 juin, parodiant ainsi l'Appel du général de Gaulle. Le 13 juin, la possibilité d'un tel scandale conduit « un groupe de femmes françaises lucides » à prendre la plume pour écrire une lettre à M. Harold Wilson :

> On entend beaucoup dire autour de soi que ce qui nous est arrivé en France a été orchestré par une puissance étrangère ; si vous laissez Kohn Bendit parler à la BBC le 18 juin pour singer de Gaulle le doute ne sera plus possible [souligné dans le texte – NDLA]. L'Allemagne envoie ses voyous révolutionnaires et vous, vous leur donnez toutes les facilités pour débiner la France, vous vous faites donc complice. Bien que n'étant pas gaulliste, on comprend que de Gaulle n'ait pas un amour fou pour la Grande-Bretagne... est-ce que l'on disait autrefois : « la perfide Albion » ne serait pas si inexacte que cela...

Au lendemain, Sir Patrick Reilly écrit au Foreign Office :

> L'admission de Cohn-Bendit au Royaume-Uni a soulevé beaucoup de critiques au point que l'on commence à se rendre compte que nous pourrions bien réussir à le dégonfler. [...] Cohn-Bendit est considéré par beaucoup de Français comme une force politique et comme l'un des instigateurs de la menace récente posée à la stabilité du pays. J'insiste que l'on s'oppose à ce qu'il reçoive une

[34] BBC, 11 juin 1968.

quelconque aide du service public britannique pour toute activité dirigée contre la France[35].

La BBC publie un démenti. Ce qui n'empêche pas Le Corre de noter : « à rapprocher de cette tolérance celle manifestée envers Tariq Ali »[36] (leader étudiant d'origine pakistanaise qui ne se voit pas déporté par les autorités britanniques).

Sur un plan plus général, au cours de l'année 1968, le CPGB et le PCF semblent converger plus qu'ils ne divergent. Au mois d'août, les deux partis prennent le pas inédit de condamner l'invasion soviétique en Tchécoslovaquie. Martin Jacques, universitaire militant, cadet du comité exécutif, et futur directeur de *Marxism Today*, décrit 1968 comme une « naissance politique », qui vit bourgeonner son intérêt pour les « nouveaux mouvements sociaux », dont le féminisme, l'écologie et la lutte pour les droits des homosexuels, la mise en cause de l'orthodoxie « économiste » du mouvement communiste, et la rupture avec le *Big Brother* Brejnev.

Cela dit, le CPGB apparaît rapidement plus « polycentriste » que son homologue français. Alors que la direction du PCF s'accommode, tant bien que mal, de la « normalisation » en Tchécoslovaquie, en 1969, le CPGB refuse de signer la déclaration d'une conférence internationale de partis communistes à Moscou qui passe sous silence l'écrasement du Printemps de Prague. Signe de divergences subtiles mais significatives, déjà, le 10 novembre 1970, Gaston Plissonnier s'alarme de l'organisation d'un « meeting prétendument international à Paris sur la Tchécoslovaquie », où prendront la parole non seulement les ex-communistes Roger Garaudy,

[35] Kew : FCO 33/85.

[36] PCF : 261 J 7/41.

Charles Tillon et Jorge Semprun mais aussi des « trotskistes [...] anarchistes et [...] cadres des partis communistes britannique et australien ». Plissonnier demande la collaboration du CPGB pour faire échec à l'initiative projetée, notamment par le biais d'une déclaration publique (qui ne viendra pas)[37].

Force est de constater que le « polycentrisme » britannique a ses limites, surtout chez les vétérans du parti. Certes, Jack Lindsay condamne l'invasion de la Tchécoslovaquie, mais il reste viscéralement attaché au modèle soviétique. En 1971, dans son compte rendu de *La Vieillesse* de Simone de Beauvoir, Lindsay considère que le livre est « de loin l'étude la plus complète sur le sujet ». Mais il remarque que la doyenne du féminisme existentialiste « ignore la littérature soviétique, laquelle aurait pu étoffer et approfondir la petite section qu'elle consacre aux sociétés socialistes. Elle y aurait trouvé, je crois, la solution de tant de terribles handicaps et de régressions »[38]. À propos de *L'Archipel du Goulag*, l'écrivain décrit le livre-choc de Soljenitsyne comme un « étalage d'ignorance politique et historique »[39]. Quant à Rajani Palme Dutt, jusqu'à sa mort en 1974, l'idéologue ultra-orthodoxe qualifie les crimes staliniens de « taches sur la face du soleil »[40].

Luttes communes

Malgré leurs divergences sur la Tchécoslovaquie, les deux partis participent à des luttes communes, contre l'OTAN, la CEE et le capitalisme monopoliste d'État. En 1971, le CPGB

---

[37] PCF : 264 J 12.

[38] *Morning Star*, 2 mars 1971.

[39] *Morning Star*, 28 juin 1974.

[40] John Callaghan, *Rajani Palme Dutt : A Study in British Stalinism* (Londres : Lawrence et Wishart, 1993).

organise une « Conférence des partis communistes des pays capitalistes d'Europe sur les firmes internationales », à laquelle assistent, pour le PCF, Jacques Denis et Henri Jourdain. Également en 1971, Jacques Duclos prend la parole lors d'un meeting du CPGB sur le Marché commun. Il salue ainsi ses hôtes : « C'est avec joie que je me trouve aujourd'hui à Londres où en 1864 fut fondée l'Association internationale des travailleurs, c'est-à-dire la Première Internationale, et où Karl Marx a longtemps vécu et mis son activité générale au service de la grande cause du socialisme ». Duclos parle aux côtés de représentants des partis communistes des 6 pays du Marché commun et des 4 pays (Grande-Bretagne, Danemark, Norvège et Irlande) dont l'entrée dans cette organisation fait actuellement l'objet de négociations. Le dirigeant français leur rappelle les origines de la construction européenne : « au lendemain de la Seconde Guerre mondiale, les dirigeants américains tirèrent parti de leurs différences économiques pour exercer sur eux une influence politique et économique des plus pesantes. Et aujourd'hui, il s'agit pour le président Nixon de faire supporter aux pays du Marché commun et à d'autres les conséquences de la crise du dollar ». Tant sur le plan politique que sur le plan économique, le Marché commun serait « néfaste » « parce qu'il tend à permettre aux gouvernements des pays capitalistes d'Europe d'entraver les luttes ouvrières, le mouvement démocratique et de brader l'industrie nationale ; parce qu'il vise à organiser pour le profit des grandes firmes capitalistes multinationales le pillage des richesses nationales et l'exploitation des peuples ». Ainsi, selon Duclos, le Marché commun est générateur de « nouvelles contradictions » entre des états capitalistes à la fois partenaires et rivaux. L'élargissement du Marché commun accentuerait encore « la mainmise des grands monopoles sur l'Europe, et la domination de l'impérialisme américain ». Dans sa péroraison, Duclos s'écrie : « Vive l'union des travailleurs contre les monopoles capitalistes sans patrie qui veulent faire de l'Europe une terre de surexploitation allant de pair avec une oppression accrue ! »[41]

Force est de constater que ce front communiste n'arrive pas à entraver l'adhésion de la Grande-Bretagne au Marché commun en 1973. L'année suivante, cependant, une délégation du PCGB est de retour en France, pour un grand rassemblement au Palais des Sports de Lyon. Les difficultés du projet aérospatial Concorde sont une référence fréquente dans les discours. Georges Marchais affirme que « les représentants politiques des monopoles, en France et en Grande-Bretagne, menacent de brader une des productions de pointe de notre industrie ». Au nom du CPGB, John Gollan déclare : « au lieu de verser des sommes folles aux avionneurs privés, nous demandons que l'industrie aéronautique soit nationalisée ». Pour ce faire, il faut tout simplement sortir de la CEE. Source d'encouragement, le meeting reçoit un message de la section écossaise du syndicat des mineurs, qui vient d'humilier le gouvernement conservateur d'Edward Heath : « Les mineurs d'Écosse saluent votre rassemblement et expriment leurs remerciements pour le soutien et la solidarité que les travailleurs français, et plus particulièrement français, ont manifestés aux mineurs britanniques durant leur lutte récente. Notre victoire illustre le besoin d'une solidarité internationale de la classe ouvrière »[42]. Cela dit, lors du référendum de 1975, l'adhésion britannique au Marché commun est nettement confirmée.

Après mai 68, les échanges intellectuels franco-britanniques sont vifs. Ainsi, en mars 1971, pour commémorer le centenaire

---

[41] PCF : 293 J 4.
[42] PCF : 317 J 12.

de la Commune de Paris, *Marxism Today* prépare un numéro spécial avec son homologue français *Nouvelle Critique*. Selon l'éditorial « avec toutes ses faiblesses, son manque de direction, parfois son indécision, tels étaient les exploits de la Commune qu'elle sera éternelle »[43]. Côté français, François Hincker contribue une chronologie brève de la Commune et Maurice Moissonnier tire de cette expérience tragique des leçons sur le marxisme et les problèmes de l'État. A. L. Morton se penche sur la Commune et la Grande-Bretagne et conclut : « au sens le plus large, la Commune est devenue la pierre de touche de tout le mouvement socialiste. Le vrai socialiste était celui qui l'honorait et qui cherchait à suivre son exemple. Ceci restait le cas en Grande-Bretagne jusqu'à ce que la Révolution d'octobre nous donne un nouveau critère de jugement, qui s'ajoutait au précédent, sans le contredire »[44]. Pour mettre l'accent sur les liens franco-britanniques, Peter Wyncoll évoque Thomas Smith, « défenseur ouvrier de la Commune », et Stanley Hutchins rappelle aux lecteurs la forte présence de communards exilés outre-Manche.

Le bouillonnement culturel émanant des événements de mai 68 est aussi une source d'inspiration. Dans *Artery*, revue culturelle qui émerge de la première Université communiste de Londres, tenue en 1971, Bonny Oberman fait un compte rendu élogieux de *1789, La Révolution française, An 1* du Théâtre du Soleil. Selon Oberman, ce spectacle d'avant-garde est le condensé d'improvisations qui reflètent « la sensibilité, le savoir et l'engagement politique de la compagnie entière », incorporant marionnettes, mime, pantomime, danse et mélodrame. Le Théâtre du soleil est « pleinement acquis au socialisme et

---

[43] *Marxism Today*, mars 1971, p. 70.

[44] *Ibid.*, p. 86.

considère que l'art peut faire avancer cette cause ». Oberman conclut : « espérons que les groupes de théâtre britanniques suivront l'exemple de cette compagnie française »[45].

La réception de la pensée de Louis Althusser s'avère bien plus problématique. Martin Jacques, pour le National Cultural Committee, décide d'organiser un séminaire sur l'œuvre d'Althusser, bien qu'elle soit « en général très théorique et abstraite »[46]. La rencontre se déroule à Marx House, Londres, et se base sur une traduction de « Problèmes étudiants », publié dans *Nouvelle Critique* en 1964, et un exposé sur « Althusser et le léninisme » par Graham Lock, doctorant à King's College, Cambridge.

Un débat vif agite *Artery*. John Oakley y fait l'éloge de l'approche althussérienne, qui démystifie, selon lui, l'humanisme et « le sentimentalisme prosoviétique » qu'il lui associe[47]. Mais c'est précisément cet austère antihumanisme structuraliste qui attire les foudres de Jack Lindsay. Pour cet auguste vieillard des lettres communistes britanniques, toujours partisan de *thought-thinking* (pensée pensante) plutôt que *thought-thought* (pensée-pensée), les positions d'Althusser « révèlent [...] une rationalisation intellectuelle compliquée par laquelle le marxisme est réduit au processus d'aliénation qu'il cherche à combattre [...] L'althussérisme me semble l'ultime tentative par la pensée mécaniste bourgeoise de pervertir le marxisme »[48]. Effectivement, le refus de l'abstraction, véritable fil rouge de l'œuvre de Lindsay, s'illustre dans ses biographies de Paul Cézanne et de Gustave

---

[45] *Artery*, 3, 1972, p. 30-31.
[46] CPGB : CP/CENT/CULT/1/13.
[47] *Artery*, 6, hiver 1973, p. 9.
[48] *Artery*, 7, été 1974, p. 52.

Courbet qu'il publie pendant cette période, où l'auteur insiste sur l'unité de la vie et de l'art[49].

En effet, la portée d'Althusser chez les intellectuels britanniques est très limitée. Un article critique de John Lewis, publié dans *Marxism Today*, provoque une réponse vigoureuse du *caïman* de la rue d'Ulm. E. P. Thompson, historien de nouvelle gauche toujours proche du CPGB, dénonce « la pauvreté de la théorie » althussérienne[50]. Les intellectuels autour de *Marxism Today*, tels Eric Hobsbawm, Martin Jacques et Stuart Hall, sont plutôt attirés vers la pensée d'Antonio Gramsci, avec ses concepts d'« hégémonie » et de « guerre de position », et vers le PCI qui la promeut comme alternative au marxisme-léninisme de facture soviétique. Bologne, plus que Bobigny, fait rêver les intellectuels communistes britanniques.

Eurocommunisme

L'élan révolutionnaire donné par l'année 1968 ne profite guère au CPGB. En juin 1972, dans un rapport sur l'extrême gauche dans la vie politique et sociale de Grande-Bretagne, l'ambassade de France reconnaît l'influence non négligeable des communistes en milieux intellectuel et syndical mais remarque à juste titre que « l'aspect « légaliste » du programme communiste décourage les militants les plus jeunes et les plus actifs de la gauche révolutionnaire ». Il semble donc que le CPGB se débatte dans l'ambiguïté :

---

[49] Lindsay, *Cézanne. His Life and Art* (Londres : Evelyn, Adams et Mackay, 1969) ; *Gustave Courbet. His Life and Art* (Bath : Adams et Dent, 1973).
[50] E. P. Thompson, *The Poverty of Theory – Or and Orrery of Errors* (Londres : Merlin, 1996).

> Par rapport aux autres mouvements d'extrême gauche, sa seule force réside dans son organisation et dans son implantation privilégiée en milieu ouvrier. Beaucoup de dirigeants de mouvements plus radicaux ont d'ailleurs passé plusieurs années dans les rangs du parti communiste avant de l'abandonner. Le parti reste ainsi une bonne école de formation pour les dirigeants politiques et syndicaux d'extrême gauche[51].

Sur sa gauche, le CPGB est débordé par de nombreux groupuscules : les trotskistes des International Socialists et de l'IMG, les maoïstes du Parti communiste marxiste-léniniste, les anarchistes de l'Angry Brigade. Il est également confronté à la montée d'une gauche marxisante dans le parti travailliste. Même dans ses bastions écossais, le parti paraît de plus en plus désuet. En décembre 1974, Daniel Oriez, Consul à Édimbourg et Glasgow, constate le recul des communistes aux élections législatives et l'échec retentissant du charismatique Jimmy Reid sur la *Red Clydeside*. Il conclut :

> La psychologie de la population écossaise ne me semble guère adaptée aux thèses collectivistes. Individualistes à tous crins, égoïstes, supportant mal toute discipline dès qu'elle devient, les Écossais ont, dans leur majorité, suivant la terminologie consacrée, une mentalité de « petits bourgeois ». Par ailleurs, ils sont chauvins et xénophobes. Impatients de la dépendance de leur pays vis-à-vis de Londres, ils ne peuvent guère être attirés par un parti ayant des liens d'allégeance avec Moscou[52].

---

[51] QO : 28QO/304.

[52] *Ibid.*

Effectivement, la diplomatie française se détourne désormais de la « menace rouge » et suit de près la montée des nationalismes dans la « frange celtique » des îles britanniques.

Mais le CPGB participe de façon modeste au tournant « eurocommuniste » du milieu des années 70. Les partis communistes français, espagnol et italien marquent leurs distances vis-à-vis de Moscou, et développent ensemble des programmes qui s'adaptent aux réalités des pays capitalistes avancés. La dictature du prolétariat est abandonnée et le pluralisme politique est affirmé comme l'un des indépassables principes de l'avenir socialiste. Les communistes cherchent des alliances et des compromis avec les forces progressistes. Ce tournant eurocommuniste semble porter des fruits électoraux, surtout en Italie puis dans l'Espagne post-franquiste. En mai 1976, à Paris, Gordon McLennan, nouveau secrétaire général, s'entretient avec Georges Marchais. À l'issue de cette rencontre, un communiqué commun du CPGB et du PCF analyse la crise des grands monopoles avant de se prononcer en faveur d'une pluralité de voies nationales vers le socialisme. Le socialisme sera le fruit de « la libre décision de la majorité de chaque peuple ». Les deux partis se prononcent également pour la coexistence pacifique, la dissolution des blocs militaires, la défense de la souveraineté nationale, et contre tout « organisme supranational »[53].

Avec le soutien actif des jeunes intellectuels « gramsciens », en dialogue délicat avec les « traditionalistes » menés par Gordon McLennan, le CPGB élabore une nouvelle version du *British Road to Socialism*, qui débarrasse le parti de ce qui reste de son héritage léniniste. La « large alliance populaire » du programme existant est remplacée par une « large alliance démocratique ». La

[53] *L'Humanité*, 22 mai 1976.

traditionnelle lutte des classes (dont les fondements sont modifiés par les récents changements socio-économiques) perd son monopole sur la politique du parti. Il s'agira désormais de lutter contre tous les types d'oppressions, en faisant de la culture l'un des champs de bataille privilégiés de la « guerre de position » contre le capitalisme. Bien que le mot « eurocommuniste » ne figure pas dans le programme proposé, cette idée d'« alliance » trouve un écho dans « l'union du peuple français » du PCF, « le nouveau bloc historique » du PCI et « les forces de la culture et du travail » du PCE. Le CPGB voudrait jouer un rôle stratégique dans la formation de cette alliance, menant à un gouvernement travailliste « de type nouveau ».

En juillet 1977, *France Nouvelle* se penche sur la discussion qui agite le CPGB à l'approche de son 35e congrès. Dans un entretien avec Peter Avis, correspondant britannique de *L'Humanité*, Gordon McLennan se félicite du succès du *People's Jubilee*, réplique iconoclaste aux fastes qui ont marqué le 25e anniversaire du couronnement de la reine Élisabeth II. Selon lui, cet événement fournit l'exemple d'une démarche politique qui investit le champ culturel : « les communistes et la gauche sont présentés comme extrêmement sérieux, et en vérité parfois comme des gens ennuyeux qui ne songent qu'à parler de théorie politique et de lutte et d'actions militantes »[54]. Également dans ce numéro, Pierrette Le Corre soutient qu'on assiste à « un débat ouvert, passionné, qu'on ne connaît pas dans les partis bourgeois ». Fait nouveau, la presse britannique s'y intéresse beaucoup (la télévision va même y consacrer un documentaire) et, « confondant débat et querelles, ironise et table sur une scission qui ferait évidemment grand plaisir à certains ». Mais, selon elle, de telles arrière-pensées montrent que le CPGB, « petit

[54] *France Nouvelle*, 17 juillet 1977, p. 13.

encore, est comme l'avoue le très anticommuniste *Guardian*, une force avec laquelle il faut compter »[55]. En fait, ce compromis entre les traditionalistes majoritairement ouvriers et la génération « gramscienne » de 1968 triomphe largement au Congrès. La seule « scission » voit le départ de 700 adhérents pour former un nouveau parti communiste, toujours léniniste et franchement pro-soviétique. Mais le compromis victorieux du 35e Congrès sera vite malmené dans la conjoncture de la fin des années 70.

La crise s'annonce

Avec le tournant de l'eurocommunisme et la nouvelle dynamique de l'Union de la Gauche, la diplomatie britannique s'intéresse davantage à un PCF qui semble aux portes du pouvoir. En février 1976, Sir Nicholas Henderson, ambassadeur à Paris, remarque : « À cause du nouveau visage que le parti communiste s'est donné, il semble plus probable que l'Union de la Gauche formera un gouvernement après les prochaines élections »[56]. Londres cherche donc des assurances sur l'autonomie des communistes français vis-à-vis de Moscou. Dans son rapport sur la situation du PCF en 1977, le Foreign Office note : « déjà en 1966, l'ambassade de Paris indiquait que la dépendance du parti à l'égard du CPUS était devenue modeste (bien que l'aide financière continue d'être importante), et que, depuis un moment, le parti n'avait pas pris d'ordres directement depuis Moscou [...] Pendant les deux dernières années, il y a eu des signes croissants d'autonomie de la part du PCF »[57]. George Walden, premier secrétaire de l'ambassade, déjeune avec Gérard Streiff, secrétaire de Jean Kanapa, « ministre des Affaires

---

[55] *Ibid.*, p. 13.

[56] Kew : FCO33/3134.

[57] *Ibid.*

étrangères » du PCF et architecte du tournant eurocommuniste. Strieff assure au diplomate britannique que son parti ne cherche pas de sortie définitive de l'OTAN et qu'il a même connu un dégel dans ses relations avec les USA[58]. En janvier 1978, René Andrieu, rédacteur en chef de *L'Humanité*, informe Walden que « tout ce que le PCF demande aux Russes est que ceux-ci "les laissent en paix". Ils n'allaient pas prendre des leçons des gérontocrates au Kremlin. Il n'y avait aucun doute que les Russes préféraient le statu quo plus que la gauche française »[59].

Cependant, l'Union de la Gauche que Georges Marchais avait initiée semble bien davantage profiter au frère ennemi socialiste. Pour garder son identité et briser l'élan de François Mitterrand, le PCF choisit la rupture de l'Union de la Gauche, ce qui contribue à la défaite imprévue de la gauche aux législatives de 1978. Une crise éclate entre la direction du PCF et ses intellectuels, comme Henri Fiszbin qui mène une révolte de la Fédération de Paris contre Place Colonel Fabien. Pendant cette période, le PCF réaffirme son identité ouvrière, son pro-soviétisme, et part en campagne contre la pauvreté, la décadence morale (y compris la pornographie et l'homosexualité), et l'immigration. Mais Stéphane Courtois et Marc Lazar constatent que ce repli vers la classe ouvrière s'effectue « au moment même où le monde ouvrier vacille. Sa part dans la population active recule à un rythme accéléré. Les principales branches industrielles, qui furent autant de bastions communistes – les mines, la métallurgie, la sidérurgie, les constructions navales –, commencent à sombrer »[60].

---

[58] *Ibid.*

[59] Kew : FCO33/3449.

[60] Courtois et Lazar, p. 390.

Ce virage identitaire ne fait que confirmer, aux yeux des diplomates et d'autres commentateurs, le dilemme stratégique auquel les communistes français sont confrontés. En septembre 1979, à la suite d'élections européennes relativement réussies, Peter Middleton remarque avec perspicacité : « Le PCF est tiraillé dans deux sens contradictoires. D'un côté, il veut réussir à l'intérieur du système politique français ; mais celui-ci porte en son sein le risque de la dissidence et d'une perte d'identité. De l'autre côté, il veut rester discipliné et uni de haut en bas ; mais cette rigidité risque de repousser bien des gens que le parti cherche à séduire afin de réaliser son premier objectif »[61]. En octobre 1979, Middleton rencontre Georges Marchais lors d'une réception à l'ambassade de la RDA pour fêter le 30e anniversaire de la fondation du régime et décrit ainsi le dirigeant français :

> Marchais, plus grand que prévu (haut de plus de six pieds), était vêtu de façon impeccable, et, malgré son air fatigué, ne donnait pas l'impression d'être malade. Il a félicité le gouvernement de Sa Majesté d'avoir envoyé un représentant lors de cette occasion si « historique », et m'a demandé depuis combien de temps j'étais à Paris et quelles étaient mes responsabilités. Ma réponse (les Nouvelles-Hébrides) lui a donné les yeux vitreux et mit fin à notre conversation. [...] Plus tard, Marchais a démontré que son agressivité n'était pas réservée à ses prestations télévisées. Il a l'habitude de frapper du doigt la poitrine des gens [...] et l'ambassadeur du Vietnam en paraissait particulièrement mal à l'aise. [...] On ne voudrait pas croiser le fer avec Marchais derrière les portes fermées du siège du PCF[62].

---

[61] Kew : FCO33/3933.

[62] *Ibid.*

Le CPGB ne pourrait qu'envier les difficultés connues par le PCF et l'attention médiatique attirée par un secrétaire général aussi clivant que charismatique. Au cours des années soixante-dix, le gouvernement travailliste minoritaire de Harold Wilson puis de James Callaghan doit faire face à une crise économique aiguë – qui le pousse à chercher le secours du FMI – ainsi qu'à une vague de militantisme syndical, et au terrorisme religieux en Irlande du Nord. Les communistes continuent à exercer une certaine influence dans le grand mouvement social qui culmine dans le *Winter of Discontent* (Hiver du Mécontentement) de 1978-79, où le service public de la Grande-Bretagne se trouve largement paralysé. Mais la crise finale du gouvernement travailliste ne profite pas au CPGB. Le parti perd de puissants alliés au sommet du mouvement syndical par son refus de tout « contrat social » entre syndicats, patrons et gouvernement. Son attachement au *militant labourism* – dans des secteurs industriels qui se rétrécissent davantage sous les effets de la crise – ainsi que son refus d'abandonner le centralisme démocratique (un débat similaire est provoqué dans le PCF par les interventions d'Althusser dans *Le Monde*) poussent des adhérents « gramsciens » vers la porte de sortie. Ce recul profite à la gauche trotskiste qui investit une « base » ouvrière abandonnée par les dirigeants syndicalistes mis en place par le CPGB.

Cependant, le parti ne tient pas à lâcher sa référence éculée au modèle soviétique : au Congrès de 1977, Gordon McLennan réaffirme le bilan globalement positif de l'URSS et, quelques mois plus tard, la direction retire l'invitation du dissident Zhores Medvedev à l'Université communiste de Londres. (N'oublions pas l'influence que Moscou continue d'exercer par le financement occulte du CPGB et du PCF, sous forme d'argent et d'achat de leur presse). Le nouveau *British Road to Socialism* ne semble porter que de faux espoirs : entre 1975 et 1979, le parti perd 28 % de ses effectifs.

En janvier 1979, le PCF envoie un télégramme encourageant ses camarades d'outre-Manche : « Le PCF salut combat des travailleurs contre politique austérité imposée par grand patronat et gouvernement labouriste libéral stop travailleurs de France qui sont confrontés de la part du pouvoir giscardien la même politique de régression sociale se refusent eux aussi à faire frais de crise et sont aux côtés de leurs camarades britanniques en lutte »[63]. Gaston Plissonnier propose même une coopération en vue des élections européennes : « rencontres de militants dans l'industrie automobile ; meeting public commun dans une cité industrielle ; rencontre des neuf partis de la CEE consacrée à la lutte contre les sociétés multinationales ; organisation d'un meeting public commun à Calais »[64].

Cependant, la faiblesse numérique et matérielle du CPGB, ainsi qu'un sentiment europhobe encore prononcé conduisent le CPGB à ne présenter aucun candidat au Parlement de Bruxelles. Le revers électoral le plus grave arrive en 1979, avec le raz-de-marée des conservateurs emmenés par Margaret Thatcher. Le retour des Tories fait suite à une réaction importance de la classe ouvrière britannique contre l'Hiver du Mécontentement et le pouvoir apparemment excessif des syndicats. Ironie de l'histoire, l'accent mis par les communistes sur les revendications salariales semble préparer le terrain pour l'individualisme matérialiste prôné par Thatcher et ses idéologues.

Déjà en mai 1978, dans un article de *Marxism Today*, Eric Hobsbawm avait écrit : « Les mouvements caractérisés par mai

[63] PCF : 261 J 7/41.

[64] *Ibid.*

68 en France ont fourni la preuve que le capitalisme n'avait pas surmonté ses contradictions et ont démontré la vulnérabilité politique des régimes des années cinquante et soixante. Ils ont annoncé une nouvelle période de luttes et d'alignements politiques, mais ils n'ont pas initié de bouleversements révolutionnaires »[65]. Du moins, l'historien communiste y insiste sur la fin du « festin » capitaliste d'après-guerre et appelle de ses vœux un réalignement de la gauche. La même année, Hobsbawm provoque un grand débat en annonçant que « la longue marche en avant du mouvement ouvrier s'est arrêtée ». Dans son *Marx Memorial Lecture*, il analyse les changements récents du capitalisme : Parmi d'autres facteurs qui attirent son attention sont le déclin du travail manuel, la diversification de la classe ouvrière, la féminisation du travail, et la montée des professions en cols blancs avec l'arrivée des nouvelles technologies. Pour l'historien, le mouvement ouvrier n'arrive pas à relever ces nouveaux défis, se repliant sur des revendications sectorielles. Selon lui, il faudrait créer de nouvelles alliances, notamment avec les mouvements sociaux, et donner un aspect plus politique et rassembleur aux actions syndicales. L'histoire semble donc se retourner contre le vieux *militant labourism*.

[65] *Marxism Today*, mai 1978, p. 133.

Chapitre 6

Fin de parti(e), 1980-1991

Les années quatre-vingt, véritable calvaire rouge, commencent en peau de chagrin en ce qui concerne les relations entre le CPGB et le PCF. L'intervention soviétique en Afghanistan est condamnée par les Britanniques (ce qui pourrait expliquer – ou s'expliquer par – la fin de leurs dividendes soviétiques), mais approuvée par leurs camarades français. En février 1980, Claude Poperen, du bureau politique, visite Londres, où il propose la préparation d'une conférence des partis communistes européens pour discuter de la détente et de la lutte contre l'installation des missiles Cruise et Pershing II en Europe de l'Ouest. Quelques jours plus tard, deux envoyés, Maxime Gremetz du PCF et Wiaclaw Piatoski du Parti unifié des ouvriers polonais, arrivent à Londres avec l'objectif d'expliquer l'urgence d'une telle conférence afin d'organiser une riposte à la nouvelle politique agressive du président Ronald Reagan et de l'OTAN. La démarche unilatérale de ces deux partis et la définition préalable du sujet de cette conférence irritent les « partis-frères » italiens, espagnols, yougoslaves, et britanniques. En avril 1980, le comité exécutif du CPGB se réunit en séance extraordinaire pour arrêter sa réponse à l'initiative franco-polonaise. Le parti n'ira pas à Paris, et s'explique ainsi dans une lettre au comité central du PCF :

> Nous considérions que l'intervention militaire de l'Union soviétique en Afghanistan, avec laquelle nous avons exprimé notre désaccord, soulevait des questions importantes de principe politique et avait de graves conséquences pour la paix mondiale. [...] À cause de la manière dont la réunion a été préparée et la vitesse avec laquelle les derniers pas ont été pris, une telle discussion pourrait produire des divisions nouvelles et profondes entre les partis[1].

Cette décision est dénoncée par les membres les plus pro-soviétiques du CPGB, surnommés les *Tankies*, qui s'agitent de plus en plus après la condamnation de l'intervention de l'Armée rouge.

En outre, l'ébauche d'une rhétorique « anti-immigrationniste » par le PCF sème la colère et la division chez les communistes britanniques. En décembre 1980, les militants et les élus communistes de Vitry-sur-Seine, le maire et le secrétaire fédéral en tête, saccagent avec un bulldozer un foyer de travailleurs immigrés. L'incident est couvert de façon apologétique par Harry Samson dans le *Morning Star*, un journal en voie de noyautage par les *Tankies*. Samson ironise sur le « chef de tribu » à la tête des immigrés, et cite les 17 % de chômeurs à Vitry pour justifier l'attaque « symbolique » contre les portes du foyer[2]. Mais le bulldozer de Vitry suscite des messages de protestation de la section des Midlands et de la cellule de Lewisham, deux régions anglaises marquées par une population multiethnique. La direction du CPGB ne prend pas de position publique, mais dans ses notes préparées pour une réunion du comité exécutif, Dave Cook, organisateur national, se demande :

---

[1] CPGB : CP/CENT/INT/06/01.

[2] *Morning Star*, 15 janvier 1981.

> Comment le parti français peut-il appeler à un arrêt de l'immigration, invoquant comme justification le fait que le chômage soit si élevé, quand cette assimilation renforce inévitablement l'idée que l'existence de travailleurs immigrés est une cause du chômage ? [...] Comment peut-il justifier l'usage d'une formule dans la déclaration du PCF publiée dans *L'Humanité*, « dans quelques municipalités, les immigrés constituent 30 % de la population », sans renforcer l'idée que ce sont les noirs qui posent problème ?[3]

Naturellement, le *Morning Star* accueille avec enthousiasme la victoire de François Mitterrand aux élections présidentielles de cette année-là :

> La fuite des capitaux français confirme clairement une transformation drastique de la carte politique du continent européen. [...] La période de la résistance au pouvoir, qui dure depuis le jour en 1958 où Charles de Gaulle a fait un coup d'État avec l'aide des généraux, s'est enfin terminée. Les choses ne seront plus comme avant dans « la France des 200 familles » – les monopolistes géants qui ont la mainmise sur ce pays depuis si longtemps – ni dans le Marché Commun, cette création du grand capital. Cela est sûr. La victoire de Mitterrand ouvre l'opportunité d'un changement réel et durable. Son succès a libéré des forces pour le changement et l'unité dont certains remettaient en cause l'existence[4].

Mais le quotidien communiste passe sous silence l'échec retentissant du candidat communiste, Georges Marchais, un

---

[3] CPGB : CP/CENT/INT/06/01.

[4] *Morning Star*, 12 mai 1981.

recul sensible du PCF qui se confirme aux législatives de juin. En octobre, *Marxism Today*, qui poursuit une ligne révisionniste de plus en plus dissonante avec celle du *Morning Star*, publie un article rédigé par deux universitaires britanniques, membres du PCF, qui critiquent la direction et appelle à la rénovation de leur parti adoptif. La réponse du PCF, écrite par Gérard Streiff, s'insurge contre cette publication et conclut : « Nos camarades de *Marxism Today* peuvent toujours, s'ils le désirent, compter sur des collaborateurs plus efficaces »[5]. En décembre, la déclaration de la loi martiale en Pologne creuse davantage les divergences entre communistes britanniques et français.

Deux pays, deux crises

La diplomatie britannique se penche sur les déboires d'un parti communiste dont la puissance semait encore l'inquiétude des chancelleries occidentales avant 1981. Un diplomate qualifie la résolution du 24e Congrès du PCF de « répétitive, fallacieuse et peu convaincante ». Elle serait « un exemple fascinant de comment un parti communiste ouest-européen s'efforce de réconcilier la réalité de sa situation électorale avec la doctrine fondamentale de l'infaillibilité du parti sur tous les sujets connus ». Mais les quatre ministres communistes au gouvernement de Pierre Mauroy font bonne impression. Fin octobre, un diplomate déjeune avec Anicet Le Pors, ministre de la Fonction publique, qui paraît « déterminé à donner une impression d'efficacité et de maîtrise de son portefeuille ». De plus, Le Pors « avait appris un anglais passable et était la seule de trois personnes sur le comité central à parler anglais », et « grâce à une équipe de rugby de Manchester qui visitait son ancienne

[5] CPGB : CP/CENT/INT/06/01.

circonscription parisienne chaque année, il avait fait la connaissance d'une famille britannique avec laquelle ses enfants échangeaient des visites fréquentes ». Le Pors rassure son interlocuteur britannique qu'il n'y a pas d'espions « à la Burgess et MacLean » (fameux traîtres pour l'URSS issus de l'Université de Cambridge pendant les années trente) au sommet de l'État français. Selon l'ambassade de France, « la caractéristique la plus évidente des quatre ministres communistes a été la minutie avec laquelle ils se sont attaqués à leurs dossiers et se sont mis au travail »[6]. Charles Fiterman, ministre des Transports, avait déjà visité Londres pour discuter de la coopération sur le Concorde et le Tunnel sous la Manche. Mais les archives indiquent qu'avec le départ des ministres communistes en 1984, et le triple effondrement du PCF – électoral, municipal et syndical –, la diplomatie britannique se désintéresse vite du communisme français.

Quant au PCF, « parti de gouvernement et de lutte », il se penche sur la crise traversée par le Labour à la suite de sa défaite de 1979. En septembre 1982, Francette Lazard représente le PCF au Congrès travailliste de Blackpool. Elle y constate le « décalage évident entre la sensibilité "de gauche" d'un congrès jeune, ouvrier, féminin, actif et la majorité de blocages de vieilles structures parlementaro-syndicales ». Elle se plaint de la « froideur » de l'accueil par le Labour mais a « des contacts intéressants avec divers délégués (Chinois, Yougoslaves, etc.) ». Lazard note également « la présence dans les coulisses du congrès du secrétaire général du parti communiste anglais faisant ostensiblement « antichambre » aux portes de la réception internationale où il n'était pas invité. Triste... »[7]

---

[6] Kew : FCO 33/4751.

[7] PCF : 261 J 7/41.

Cet automne-là, le collectif Grande-Bretagne de la PolEx produit une note sur les ravages du thatchérisme triomphant. Selon les auteurs, la situation outre-Manche se caractérise par une « politique d'austérité », des « mesures de coercition », et un « matraquage idéologique sans précédent ». Ils ne sous-estiment pas la vigueur de la classe dirigeante : « rendre à la Grande-Bretagne son prestige n'est pas un simple slogan. Le redéploiement des multinationales exige que la Grande-Bretagne soit présente partout et de façon efficace. Les ministres britanniques voyagent sans arrêt et quand ils ne suffisent pas on mobilise la famille royale ». Quant au parti travailliste, il souffre de « la contradiction profonde entre son origine et sa raison d'être et des structures réformistes [...] Comment jouer le rôle d'opposition de Sa Majesté quand le parti au pouvoir refuse tout dialogue ? ». La gauche britannique offre « le spectacle démobilisant de groupes qui se font et se défont et même s'excommunient ». C'est une « situation contradictoire qui rend aussi plus difficile l'action du PCGB, dont il ne faut cependant pas sous-estimer l'influence dans le mouvement ouvrier »[8]. Mais les nombreuses journées d'action syndicale et les manifestations importantes de la CND contre la nouvelle course aux armements, au sein desquelles le CPGB joue encore un rôle important, ne suffisent pas à battre Thatcher. Aux élections locales de mai 1983, le CPGB ne peut se satisfaire que de trois sièges au Pays de Galles. Aux élections parlementaires de cette année, le Labour, affaibli par la création d'un parti social-démocrate, connaît la pire défaite de son histoire. Quant aux candidats communistes, ils sont au plus bas.

En effet, le CPGB entame un rapide déclin. À la différence d'une direction française qui verrouille l'appareil et étouffe toute

[8] PCF : *Ibid.*

contestation « rénovatrice », le CPGB reste entre les mains d'une coalition de traditionalistes ouvriers et d'intellectuels gramsciens groupés autour de la revue *Marxism Today*. Tandis que *Nouvelle Critique* et *France Nouvelle* sont dissoutes en 1980 quand la direction du PCF prend en main ses intellectuels, *Marxism Today* poursuit un chemin de plus en plus iconoclaste depuis le Congrès de 1977 et l'élection de Martin Jacques comme directeur. Dans son essai sur les historiens communistes français et britanniques, Frédérique Matonti fait le lien entre « la méfiance des responsables aux intellectuels du PCF et des dirigeants soviétiques à l'égard d'Eric Hobsbawm » et « la fascination/répulsion d'une revue comme *La Nouvelle Critique* pour *Marxism Today*, incarnation de ce qu'elle aurait pu être sans son parti »[9].

Avec le soutien prestigieux de Hobsbawm, *Marxism Today* analyse le succès du thatchérisme – réponse paradoxalement conservatrice à la nouvelle donne économique et socioculturelle – les nouvelles tendances dans la culture populaire, la famille royale, la sexualité, et, fatalement, porte un regard critique sur le « socialisme existant » et le *militant labourism*. Dans le numéro de septembre 1982, Martin Jacques décide de publier, un article du sociologue Tony Lane, critiquant la corruption de délégués syndicaux (marquée par le trafic de notes de frais), et un article du dissident soviétique Roy Medvedev. Une telle audace scandalise les Moscovites ouvriéristes groupés autour du *Morning Star*. S'ouvre alors une crise qui exacerbe des tensions déjà apparentes entre *Euros* et *Tankies* (selon les termes utilisés par les médias et les adversaires concernés). La direction n'arrivera jamais à mettre au pas son quotidien, qui appartient en pratique à ses actionnaires et lui échappe tel un Frankenstein stalinien. Le

---

[9] Matonti, p. 87.

16 janvier 1985, la PolEx constate que « le *Morning Star* se déchaîne sans restriction contre la direction du parti. Tous les deux jours une demi-page de lettres de protestation, la plupart dans un style violent et parfois presque hystériques », souvent signées par des membres fondateurs comme Robin Page Arnot et Andrew Rothstein. En janvier 1985, exaspéré, le comité exécutif vote l'exclusion du directeur du *Morning Star* et de ses alliés. Cette scission retentit au milieu de la grande grève des mineurs, dernier baroud d'honneur du militantisme ouvrier et de la solidarité communiste franco-britannique.

La grande grève des mineurs, 1984-1985

Le 6 mars 1984, au puits de Collingwood, dans le Yorkshire, éclate la plus grande grève de l'histoire britannique. À l'appel de la NUM, présidée par Arthur Scargill, plus de 120 000 mineurs débrayent pour résister à un programme de fermeture de mines déficitaires par cette société encore nationalisée. Ce conflit, qui fera plusieurs morts et des centaines de blessés, oppose les piquets de grève des bassins houillers à la police et aux services secrets, au cours d'une situation frôlant la guerre civile. Margaret Thatcher traite d'*enemy within* (ennemi interne) le syndicat le plus militant du pays, qui avait déjà humilié des gouvernements conservateurs, et qui compte dans sa direction de nombreux communistes, quoique minoritaires. C'est une grève qui divise les mineurs eux-mêmes, aussi bien que la nation entière. Les dirigeants communistes critiquent en privé d'abord, puis publiquement, après les événements, la décision du leader syndicaliste Arthur Scargill d'utiliser massivement les piquets de grève – une tactique qui avait fait sa notoriété en 1972 au lieu de tenir un vote national qui aurait mieux persuadé l'opinion publique. Mais cette grève épique, condamnée à l'échec dès ses premiers soubresauts, mobilise de nombreux actes de solidarité, à travers le pays et à l'international.

Au même moment, le charbon français traverse une crise similaire à celle de la Grande-Bretagne. Le 2 mars 1984, à l'appel de toutes leurs fédérations syndicales, les mineurs français se rassemblent à Paris. Ils manifestent de la République au siège des Charbonnages de France contre les réductions de production et d'emploi. Avec le slogan « Mineurs oui chômeurs non ! », 15 000 travailleurs de tous les bassins défilent contre 6 000 suppressions d'emploi. Dans son discours, le leader des mineurs de la CGT, René Le Guen, insiste sur le fait que le « charbon national » reste « le bon choix »[10]. Mais la CGT n'appelle pas à la grève. Après tout, le PCF, auquel la CGT reste étroitement associée, a toujours des ministres au gouvernement, bien que les contradictions causées par cette participation deviennent de plus en plus insupportables.

C'est donc par procuration que les communistes et les cégétistes se solidarisent avec les mineurs britanniques soulevés contre « la Dame de fer ». Malgré la police et les tribunaux, les mines sont paralysées par la grève. Dans son éditorial de *L'Humanité*, José Fort dénonce « le “modèle” Thatcher » qui s'illustre brutalement avec la mort de David Jones, la première perte du côté des mineurs :

> Alors que les « observateurs généralement bien informés », comme on l'écrit dans le langage de bois des dépêches d'agence, annonçaient gaillardement l'échec de la grève des mineurs britanniques, la réalité, hier, au royaume de Mme Thatcher se présentait de manière différente. Cent quarante-cinq des cent soixante-quinze puits affichaient

[10] *L'Humanité*, 3 mars 1984.

fermés, plus de deux tiers des 180 000 mineurs ayant répondu au mot d'ordre de grève de leurs syndicats. Un mineur, David Jones, âgé de vingt-quatre ans, a payé de sa vie son action contre la casse décidée par l'équipe de la « Dame de fer ». David et ses camarades ne sont pas des « retardataires », des « opposants » aux innovations technologiques, des « attardés » du progrès technique. Ils s'affrontent à une entreprise qui vise sur plusieurs années à réduire de 184 000 à 100 000 le nombre des employés des mines et à fermer soixante et onze des puits encore en activité.

Selon l'éditorialiste, les mineurs britanniques s'opposent en fait à « l'Europe de droite », celle qui prône les liquidations industrielles et crée toutes les conditions d'une augmentation des sans-emploi :

> L'Europe ? Que d'illusions entretenues autour de ce mot ! Pour les plus jeunes, on laisse entendre qu'il s'agit de faciliter une meilleure communication entre les peuples, de faciliter la liberté de circulation. Pour les plus âgés, l'avenir du développement économique harmonieux passerait par cette Europe-là. Où est la vérité ? L'Europe est malade. Rongée par la crise, elle va d'échec en échec. Regardez, écoutez, lisez. Trois millions de chômeurs en Grande-Bretagne, plus de deux millions en RFA. Entreprises démantelées, secteurs entiers des économies laminées, des milliers de petites entreprises familiales détruites. Est-ce cela l'avenir ? Est-ce là l'Europe de demain ?

Si l'on en croit José Fort, les émules français de Thatcher auraient pour nom Simone Veil et Jacques Chirac. En effet, l'exemple de la « Dame de fer » n'est pas une exclusivité britannique. Le programme de Thatcher ressemble « à la virgule près », à ceux des listes « unitaires » RPR-UDF et des candidats du chancelier ouest-allemand Helmut Kohl, aux élections européennes de juin 1984. Pour les communistes français, conclut Fort, « l'Europe peut être autre chose »[11]. Malheureusement pour le PCF, les électeurs ne l'écoutent pas : en juin 1984, le PCF, en chute libre, est talonné par le Front national de Jean-Marie Le Pen. Cette formation d'extrême droite fait même une percée dans ce qui reste des houillères de France.

Le quotidien communiste suit de près la répression menée contre les grévistes britanniques. Alors que le chômage bat des records au sein du Marché commun et que les sidérurgistes lorrains font bloc pour la défense de l'acier, le quotidien communiste suit de près la répression menée contre les grévistes britanniques. « C'est un État policier », lui déclare Owen Briscoe, secrétaire général du syndicat des mineurs du Yorkshire[12]. Le 17 juin 1984, après quinze semaines de grève, la brutalité du régime Thatcher semble montrer son visage lorsque la police charge 6 500 mineurs en grève, devant une cokerie d'Orgreave, dans le Yorkshire. Une cinquantaine de travailleurs sont blessés, dont Arthur Scargill, qui doit être hospitalisé. *L'Humanité* prend acte de cet « avertissement » :

> Mme Thatcher a rejeté leurs revendications et leur a envoyé ses brigades « antiémeutes ». C'est ce qu'on appelle de l'autre côté de la Manche être *fair-play* – jouer le jeu loyalement. La direction des charbonnages n'a pas voulu être en reste. Elle a fait procéder à l'achat de coke en Europe occidentale pour honorer un contrat passé avec les États-Unis. Dimanche, Arthur Scargill déclarait que ce

[11] *L'Humanité*, 18 mars 1984.

[12] *L'Humanité*, 20 mars 1984.

> conflit avait déjà coûté plus cher à la Grande-Bretagne que la guerre des Malouines. C'est parce qu'ils seraient « non rentables » que les vingt puits de mine devraient être fermés ![13]

Fin juillet, la PolEx note que « ces tentatives d'isoler le mouvement, la répression sauvage qui s'abat et qui a déjà causé la mort de deux mineurs, n'entament pas la ferme résolution des "gueules noires" »[14].

Quelques jours plus tard, le PCF met fin à sa participation à un gouvernement qui entend poursuivre sa politique d'austérité et de rigueur. Désormais, la CGT a les mains libres pour prendre les devants d'un mouvement de solidarité avec les mineurs britanniques. Lors d'une conférence de presse le 11 septembre 1984, Henri Krasucki, secrétaire général, explique les enjeux internationaux de la grève : « La bataille des mineurs britanniques est conduite contre la politique de liquidation de la production dictée par la CECA [Communauté européenne du charbon et de l'acier] et mise en place dans de très nombreux pays d'Europe ». Pour Krasucki, cette politique charbonnière en Europe est tout à fait inacceptable : « plutôt que de mettre en valeur nos gisements, c'est la liquidation ». La parole libérée par la sortie des ministres communistes du gouvernement, Krasucki attaque sans ambages le pouvoir, des deux côtés de la Manche :

> Si on rapproche ces chiffres des perspectives de consommation pour 1990 et l'an 2000, que l'on pense à la politique de casse conduite en Grande-Bretagne, en France et ailleurs, on se dit : « arrêtez, et vite, le bras des casseurs ; faites cesser cette politique absurde, battez-vous

[13] *L'Humanité*, 20 juin 1984.

[14] PCF : 261 J 7/41.

> contre ». C'est ce qu'essaient de faire nos camarades de Grande-Bretagne et c'est pourquoi nous les soutenons. [...] Ils sont confrontés à un pouvoir de droite ultraréactionnaire et qui vise à mettre à genoux les syndicats, à supprimer les libertés syndicales les plus élémentaires et elle utilise tous les moyens : des milliers d'arrestations, deux morts, des milliers de blessés, et ce qui est sans doute le plus abject, c'est cette stratégie utilisée pour venir à bout de la résistance des mineurs qui consiste à tenter d'affamer les familles, les enfants[15].

D'où l'urgence de la solidarité. Déjà, 200 enfants avaient été hébergés en France pendant les vacances d'été. Le 12 octobre, le siège de la CGT, à Montreuil, voit un grand rassemblement saluer le départ d'un convoi pour Calais. Cette caravane, composée de trente camions et de soixante voitures bardés d'affiches de la NUM et de la CGT, de drapeaux français et britanniques, passe par Hénin-Beaumont, Sallaumines, Avion et devant des manifestants au péage d'Arras. Au port de Calais, Krasucki déclare à la foule :

> 500 000 francs collectés dans toute la France. 300 tonnes de marchandises diverses alimentaires et d'hygiène, acheminées dans une trentaine de camions provenant de toutes les régions. On y trouve de tout ce que nos amis nous ont demandé et dont ils ont besoin. De l'huile, des pommes de terre, du riz et même des couches-culottes pour les bébés : il faut penser à tout ! [...] Il a de l'allure notre convoi ! Nous essayons d'être dignes d'eux et dignes de nous, de nos traditions. Nous nous inscrivons dans un grand mouvement de solidarité internationale. Qu'il s'agisse du bateau affrété par la Fédération syndicale

[15] CGT : 7 CFD 158.

mondiale avec l'aide des syndicats de marins du Danemark qui, parti de Rostock en RDA, arrive à Hull près de Sheffield rempli de denrées alimentaires provenant des pays socialistes d'Europe et aussi de Suède et du Danemark.

L'Australie, la Nouvelle-Zélande, les USA, le Liban, le Nicaragua et le Salvador sont également de cet élan de solidarité.

Arrivé à Douvres, Krasucki s'adresse à ses hôtes : « Mineurs de Grande-Bretagne, admirables femmes de mineurs vous menez la plus longue grève d'une profession aussi nombreuse qu'on ait jamais vue, du moins en Europe. Face au dénuement, face à une répression brutale, vous démontrez une dignité, une endurance puisant dans les plus belles qualités de votre peuple »[16]. « Camarade Krasu » participe ensuite à un meeting à Aylesham, devant 800 grévistes, aux côtés de Malcolm Pitt, dirigeant communiste des mineurs du Kent.

« Mineurs britanniques souhaitent la bienvenue à "l'invasion française" » titre à la une le *Morning Star*[17]. Cet accueil favorable trouve peu d'écho dans une presse britannique largement hostile aux mineurs. Le même jour, *Le Standard*, quotidien londonien de droite, publie un dessin raillant le convoi cégétiste. Des piquets de grève abrutis y bombardent de pierres les camions de « Roux frères gastronomie Arras Béthune Nœux-les-Mines » qui amènent des « produits alimentaires de mineurs français » aux « mineurs héroïques du Kent ». Un chauffeur terrifié (vêtu, naturellement, d'une marinière) dit à son confrère : « Je me

---

[16] *Ibid.*

[17] *Morning Star*, 15 octobre 1984.

demande ce qu'ils n'aimaient pas, Michel ? Les escargots ? Les cuisses de grenouille ? Les yeux de mouton à l'algérienne ? »[18]

À l'inverse, dans une brochure de la CGT, on insiste sur la longue histoire de solidarité entre mineurs français et britanniques. Léon Delfosse, président d'honneur de la Fédération CGT Sous-Sol évoque la grande grève de 1948 :

> Nous étions attaqués de toutes parts, par les mêmes forces réactionnaires qui frappent aujourd'hui les mineurs anglais, et dans ce contexte la solidarité nationale et internationale était un de nos meilleurs moyens de défense. Nos ennemis en avaient conscience. De là cette information des journaux et des radios, télévision, le 9 novembre 1948, selon laquelle un député anglais accuse la CGT d'avoir utilisé pour son compte personnel les 1 000 livres envoyées par les mineurs écossais. C'est clair : on avait peur de la solidarité des mineurs de Grande-Bretagne et le mensonge utilisé avait pour but de la briser.

C'était mal connaître les camarades mineurs et deux jours après, *France-Presse* avait reçu l'information suivante :

> 80 000 mineurs écossais protestent contre les déclarations du lieutenant-colonel Baker-Withe disant que les mille livres avaient été utilisées par la CGT pour réduire son déficit au lieu d'aller aux mineurs et à leurs enfants [...] Nous demandons que M. Baker-Withe accompagne une délégation des mineurs écossais qui se rendra en France la semaine prochaine et le mettrons au défi de prouver ce qu'il avance.

[18] *The Standard*, 15 octobre 1984.

Le démenti a lieu, Baker-Withe avouant avoir reçu de fausses informations. Delfosse se souvient de cette délégation « avec les deux Moffat, Alex et Abe, dirigeants des mineurs d'Écosse, Jock Dunn, du Kent, et Danny Evans, le vieux lion gallois comme l'avaient surnommé les mineurs. C'est ce souvenir parmi tant d'autres sur la formidable solidarité qui nous a entourés en 1947 et 1948 qui me fait dire oui, la campagne engagée en faveur de nos camarades mineurs de Grande-Bretagne doit obtenir un succès jamais égalé »[19].

De retour à Paris, Henri Krasucki écrit à Arthur Scargill : « La CGT tiendra les engagements que j'ai annoncés dans cette si sympathique communauté de mineurs de Aylesham »[20]. La centrale lance ensuite sa plus grande opération de solidarité, *Christmas CGT*, qui vise à distribuer 300 000 colis aux enfants de mineurs britanniques. Krasucki déclare :

> Cent cinquante mille mineurs dans leur huitième mois de grève sont face à un gouvernement réactionnaire qui espère les réduire en les affamant, eux et leurs familles. Des femmes et des hommes d'un courage admirable luttent contre la désertification de leur région, pour leur emploi, pour la défense de leur charbon national. Ils ont raison de le faire, et il faut qu'ils gagnent, pour eux-mêmes et pour tous, car cela aide chacun à défendre son charbon chez lui. Nous, le nôtre, les Allemands, le leur, les Belges, le leur également.

On propose une liste de jouets à collecter : « puzzles, ballons, maquettes, sacs (sport, sac à dos), jeux électroniques, boîtes de peinture, compas, dictionnaires (anglais-français), montres,

[19] CGT : 363 CFD 32.

[20] CGT : 7 CFD 158.

stylos, réveils, raquettes (tennis, ping-pong, badminton), patins à roulettes »[21].

Cet appel trouve un écho très fort chez les militants, qui s'illustre dans ce tract tiré à 1 000 exemplaires distribué par les camarades du CFA Bâtiment de Saint-Pierre-des-Corps, bastion communiste en Indre-et-Loire :

> *Christmas* : c'est NOËL en anglais. Pour les enfants de mineurs britanniques (parmi eux un grand nombre d'Écossais, l'ÉCOSSE étant un pays de mines), la cheminée risquait de rester vide. En face, ils ont « la dame de fer »... la tristement célèbre. Elle s'en prend depuis plusieurs mois à leurs enfants après avoir demandé et obtenu le vote d'un texte lui permettant de réduire spécialement les allocations familiales dues aux enfants de grévistes !!! Après 36 semaines, leur moral reste intact. En ÉCOSSE, comme dans tout le pays, les femmes, admirables, soutiennent leurs maris dans leur lutte pour la vie ![22]

Christmas CGT arrive à collecter 400 tonnes de vivres et 200 000 jouets, sans compter 1 milliard 650 millions de centimes remis à la NUM. Le 13 décembre 1984, dix camions chargés d'ours en peluche, de bicyclettes, et de jouets en tous genres pour enfants de 2 à 12 ans quittent Montreuil. Le convoi passe par Billy-Montigny, Lens et Liévin, arrive à Douvres puis monte jusqu'à Édimbourg. Les jouets sont répartis dans plusieurs centres miniers, dont Durham, Édimbourg et Mansfield. Sam Scott, secrétaire de la NUM de Northumberland, écrit à Johannès Galland : « Mes secrétaires de cellule ont passé le jour

[21] PCF : 242 J 821.

[22] CGT : 13 CFD 15.

de lundi à trier et à distribuer ces cadeaux et leur étonnement s'est exprimé par des adjectifs comme magnifique, fantastique, incroyable »[23].

Communistes et cégétistes ont un vif intérêt pour la lutte des femmes dans les bassins miniers. Ainsi, *Vie ouvrière* évoque le combat quotidien de « Marsha, femme de mineur »[24]. Pour le collectif Grande-Bretagne de la PolEx, Renée Pamart rédige un rapport sur quatre femmes de mineurs en grève (deux Anglaises du Derbyshire, et deux Galloises) qui ont séjourné en France à l'invitation du PCF :

> L'accueil qu'elles ont reçu a été assez extraordinaire. En Lorraine (Pienne et Bouligny), plus de 400 personnes se sont manifestées. Dans les Bouches-du-Rhône, vraisemblablement autant. En Seine-Maritime, la mairie de Saint-Étienne-du-Rouvray était comble. Dans la Région parisienne, l'accueil a été de même qualité dans les mairies, dans les cités, à l'hôpital du Kremlin-Bicêtre, dans les entreprises en lutte, à la RATP.

Il s'agit également d'un voyage de prise de conscience politique. Les 4 amies britanniques « ont découvert le parti » :

> Je suis convaincue que cela a été un choc inimaginable. Chacune de leurs interventions l'a prouvé. Elles ont également tenu des propos peu amènes sur le parti socialiste et le président de la République. Au départ, elles ne faisaient pas le lien entre le plan de démantèlement en Grande-Bretagne et le plan de démantèlement à l'échelle de la Communauté européenne.

---

[23] CGT : 362 CFD 33.

[24] *Vie ouvrière*, 3 décembre 1984.

C'est la solidarité pour Noël et pour leurs enfants qui les a le plus émues : « elles ont souvent pleuré d'émotion. « Mais – disent-elles – en Grande-Bretagne on ne pleure pas. Thatcher serait trop contente » ». Pamart remarque : « J'ai rarement rencontré des femmes ayant un sens aussi aigu de la lutte des classes. Tout a semblé aller de soi quand leurs maris ont annoncé la grève. Elles ont longuement parlé des solidarités internationales (en notant au passage que le pouvoir avait bloqué les envois des syndicats soviétiques pour "s'assurer qu'ils n'étaient pas empoisonnés"). »

La délégation est reçue dans treize fédérations et 23 millions de francs sont collectés (dont 4,6 millions dans le Nord). Aux Clayes-sous-Bois, elles rencontrent deux anciens déportés, dont une femme juive déportée à l'âge de 12 ans : « Elles n'avaient jamais entendu parler des camps et de la Résistance. Et elles demandaient pardon d'avoir ignoré tout cela ». Au dernier repas pris à la fédération du Val-de-Marne, Lynn dit à Pamart avoir entendu à Strasbourg un chant qu'elle ne connaissait pas et « les gens levaient le poing ». « Nous lui chantons donc l'Internationale. Nous rentrons pour la nuit à la maison de l'amitié à Ivry. S'y trouvaient et y dînaient une soixantaine d'enfants soviétiques venus de Moscou donner un concert. Présentations et les enfants soviétiques entonnent l'Internationale. Voilà ». Pamart ajoute que « toutes les femmes de mineurs [...] sauront que c'est grâce au Parti et à la CGT que Noël aura un petit air de fête »[25].

Ce conflit sans parallèle s'inscrit en creux de tendances socio-économiques qui traversent la Manche. Dans *Le Monde diplomatique*, Maurice Lemoine évoque ainsi les enjeux de « La longue grève des mineurs britanniques :

[25] PCF : 242 J 821.

> Impopulaire, chargée de violences verbales et parfois physiques, la tenace grève des mineurs britanniques n'est pas seulement un drame humain pour ceux qui la vivent. Elle traduit de manière exemplaire l'inquiétude des travailleurs européens devant la modification des conditions d'exploitation des ressources naturelles et des appareils industriels à l'échelle mondiale.

Ce processus de désindustrialisation est à l'œuvre dans le paysage urbain du nord d'Angleterre : « Il fait encore nuit à Sheffield sur l'immense zone industrielle fantomatique et moribonde, cimetière métallique insensé, kilomètres d'usines à la dérive, de hangars désossés, d'entrepôts aux vitres brisées à vendre, de poutrelles hérissées et de murs effondrés, gris de suie, noirs de fumée »[26].

Effectivement, en février 1985, dans une conférence de presse, Henri Krasucki et son homologue britannique, Norman Willis, reprennent ce thème, dénonçant « un phénomène de désindustrialisation qui se développe dans toute l'Europe occidentale »[27]. Également en février, Gerry Pocock adresse ce message au 25e Congrès du PCF :

> En Grande-Bretagne, le peuple est confronté au chômage de masse et à la désindustrialisation, des attaques contre les droits démocratiques, la mise en cause de la souveraineté par les institutions du Marché commun, une course aux armements intensifiée. [...] Il y a une résistance multiple et complexe à la politique de Thatcher, avec la lutte âpre de la NUM pour défendre le charbon. Les mineurs britanniques apprécient énormément la remarquable

[26] *Le Monde diplomatique*, janvier 1985, p. 1.
[27] CGT : 7 CFD 158.

> solidarité internationale et le soutien apporté par les ouvriers français pendant leurs onze mois de grève. Les ouvriers de la Grande-Bretagne et de France sont confrontés à de nombreux problèmes similaires. Sur la base de notre héritage marxiste partagé, cherchons à développer des politiques et des stratégies qui s'adressent aux problèmes spécifiques de nos pays[28].

Mais la grève est à l'agonie. Les méthodes d'Arthur Scargill, d'une part, et le légalisme rigide des directions du Labour et du TUC (rappelant la grève de 1926), d'autre part, ont fini par rebuter la majorité de l'opinion publique. Au début du mois de mars 1985, la NUM appelle à la reprise du travail. Dans *L'Humanité*, Bernard Frédérick dresse le bilan de la grève :

> Il n'est pas besoin d'être devin pour savoir que ce n'est pas en chantant et le sourire aux lèvres que les « gueules noires » d'outre-Manche reprendront, demain, le travail. [...] Certes, une bonne partie des mineurs avait repris le travail ces dernières semaines, poussés par les difficultés de la vie. La solidarité intérieure et extérieure peut être un soutien ; elles ne remplacent jamais la tombée régulière d'une paye. Il y a la famille, surtout les enfants... et ces temps implacables de chômage. Près de la moitié des 180 000 « gueules noires » de Sa Majesté était pourtant demeurée ferme. [...] Une bataille, peut-être ; la guerre, c'est à voir...

Frédérick continue : « Oh ! bien sûr, en France et surtout en Grande-Bretagne, il ne manquera pas de plumes et de voix pour chanter les louanges de la fermeté de la "Dame de fer" ». Mais ce triomphe du thatchérisme aura coûté cher à la Grande-Bretagne :

---

[28] CPGB : CP/CENT/INT/06/01.

« on parle de 5,5 milliards de dollars – 2 % du produit national brut. Le prix de l'intransigeance du gouvernement conservateur. Le conflit a également été sanglant – une demi-douzaine de morts. Plus qu'en Pologne au moment des grèves conduites par Solidarité... ». On ferait donc bien à Londres, au 10, Downing Street, dans la maison du Premier ministre, d'attendre un peu pour déboucher le champagne. Et *L'Humanité* offre à ses lecteurs une autre source d'espoir : les houillères de Lorraine viennent de débrayer[29].

Pendant que les grévistes retournent aux puits « la tête haute », le quotidien fustige la trahison sociale-démocrate :

> Le parti travailliste s'est surtout illustré durant le conflit par sa non-action. Pis. Hier, le leader du parti, Neil Kinnock, a déclaré lors d'une interview télévisée qu'il ne pouvait être question d'accorder une amnistie et réembaucher les mineurs condamnés pour des « crimes graves » durant la grève. Par crimes graves, il faut entendre la résistance physique des travailleurs aux brutalités policières. En arrivant hier dans un collège du nord de Londres, Neil Kinnock a été bombardé de tomates et accusé, à juste titre, d'avoir trahi les mineurs. Après avoir refusé de soutenir les grévistes, le parti travailliste, par la voix de son premier responsable, donne le feu vert à Mme Thatcher pour poursuivre la répression[30].

La victoire de la Dame de fer reçoit les applaudissements du *Figaro* et des *Échos de l'expansion*. « Le ouf ! de Maggie », titre *Libération*, quotidien prosocialiste, « un an de grève, un an de souffrance, un an pour rien »[31]. Dans *L'Humanité*, Yves Housson

[29] *L'Humanité*, 4 mars 1985.

[30] *L'Humanité*, 5 mars 1985.

[31] *Libération*, 5 mars 1985.

remarque l'absence d'émotion chez la plupart des commentateurs « (qui n'en manquaient pourtant pas lorsque les grévistes qui faisaient la "une" étaient de nationalité polonaise) devant le courage, l'abnégation manifestés »[32]. Au nom de la CGT, Augustin Dufresne déclare :

> Mme Thatcher a utilisé un arsenal de répression à peine croyable dans un pays dit développé d'Europe. Le Premier ministre voulait casser les reins aux syndicats des mineurs, considéré comme le plus progressiste. Elle a, sur ce plan, essuyé un échec. La bataille des mineurs britanniques, c'est notre bataille. Nous sommes confrontés à la même politique européenne et à celle des multinationales, qui abandonnent nos richesses, dans nos pays, au profit des importations, notamment d'Afrique du Sud. Le fer, la sidérurgie sont aussi sacrifiés.

Dufresne rappelle l'effort considérable de solidarité de la CGT, des syndicats des pays socialistes et des organisations de nombreux pays, de tous les continents. Les mineurs britanniques auront constaté que « malheureusement et pour des raisons politiques, certaines organisations, par contre, n'ont rien fait : la CFTC, FO, la CFDT et la CGC, en France ». Il reste que la grande leçon de ce conflit, c'est aussi « cet élan de solidarité considérable et de dimension mondiale »[33].

Fin mai, *L'Humanité* évoque une « effervescence » militante dans les houillères de Lorraine et annonce la levée du rationnement du beurre en Pologne[34]. Il n'empêche, la fin de la grève des mineurs marque une défaite cinglante pour le mouvement ouvrier. Afin de mieux cerner l'ampleur et les limites

---

[32] *L'Humanité*, 5 mars 1985.

[33] *Ibid.*

[34] *L'Humanité*, 29 mai 1985.

de la plus longue grève de l'histoire de la Grande-Bretagne, *L'Humanité* interviewe Pete Carter, organisateur industriel du CPGB, qui estime que « ce qui a manqué, c'est de rassembler toutes ces sympathies dans un mouvement populaire de masse ». Le journaliste soupire : « À côté du parti communiste, hélas !, trop faible, qui a jeté toute son énergie dans la bataille, la force d'opposition qui aurait pu jouer ce rôle, ne l'a pas fait »[35]. Pour la PolEx, Pierrette Le Corre rédige une note sur la reprise du travail des mineurs britanniques. Elle revient sur une grève longue et « héroïque », marquée par la solidarité pratique, la solidarité internationale et une organisation « remarquable ». Selon elle, la lutte de la NUM a souffert de la scission des mineurs de Nottingham, et a été endiguée par les préparatifs du gouvernement « la solidarité du capitalisme international », ainsi que par « le concert unanime des mass media ». Quant à ce qui reste d'un mouvement communiste profondément divisé, le *Morning Star* « a, lui, soutenu la grève sans réserve, avec peut-être à certains moments, tendance à se faire l'écho d'une extrême gauche bruyante qui réclamait la grève générale et cherchait surtout à démolir la direction du TUC et celle du parti travailliste. *Marxism Today* n'a soutenu la grève que de loin ». La camarade Le Corre reste très circonspecte sur la question de l'importation de charbon de la Pologne « populaire » : « Un de nos camarades s'est laissé dire que la Pologne aurait augmenté ses livraisons en les dirigeant directement sur les petits ports britanniques. Affirmation difficile à vérifier »[36].

En juin 1985, les divisions entre communistes sont étalées au grand jour lors d'une réunion des partis communistes occidentaux, convoqués à la dernière minute par le PCF, pour

---

[35] *L'Humanité*, 19 mars 1985.
[36] PCF : 261 J 7/41.

analyser la « crise ». Les délégués se penchent sur le déclin économique et la désindustrialisation. Pour le CPGB, Brenda Kirsch tire les leçons de la grève des mineurs : la défaite démontre l'importance d'« alliances larges » et de l'opinion publique. De plus, les discussions de Paris indiquent les forces centrifuges à l'œuvre dans les partis communistes d'Europe occidentale : Alors que des divergences apparaissent sur le rôle de la CEE, les nouvelles technologies, et les relations à entretenir avec les autres formations de gauche, certains partis hésitent à mettre l'accent sur les enjeux écologiques ou féministes[37].

La défaite de la NUM, fleuron du *militant labourism*, entonne le chant de cygne du mouvement ouvrier en Grande-Bretagne. La grève lancée en Lorraine est également porteuse de faux espoirs. Des deux côtés de la Manche, et comme les dirigeants syndicaux l'avaient prévu, le déclin du charbon s'accélère : les dernières mines profondes de la France et de la Grande-Bretagne fermeront en 2004 et 2015 respectivement (le puits de Aylesham avait déjà fermé en 1987). La grève britannique aura également des retombées médiatiques : en 1990, des journalistes d'investigation accusent Arthur Scargill et la NUM d'avoir accepté le financement occulte de la Libye du colonel Kadhafi aussi bien que celui du bloc soviétique. En 1994, Seumas Milne, journaliste de gauche, réfute la piste libyenne, tout en démasquant Roger Windsor, directeur de finance de la NUM, comme agent des services secrets britanniques. Mais l'enquête de Milne, et l'ouverture des archives soviétiques confirment l'importance de l'aide financière de l'URSS, autorisée par un certain Mikhaïl Gorbatchev, étoile montante du PCUS.

[37] PCF : CP/CENT/INT/07/05.

Elle confirme également le rôle clé de la CGT dans le transfert de l'or de Moscou vers la NUM[38].

Luttes finales

En août 1983, les communistes de Folkestone écrivent au PCF pour explorer les possibilités de coopération avec les camarades de leur ville jumelle, Boulogne-sur-Mer[39]. Les partis se retrouvent dans leur opposition au Tunnel sous la Manche. En décembre 1985, la CGT regrette que le gouvernement français ait arrêté « sans consultation » le principe de la construction d'un cordon ombilical entre les deux nations :

> La CGT se prononce sans ambiguïté pour le progrès scientifique et technique dès qu'il est mis au service du progrès économique et social en l'état actuel des éléments rendus publics, personne ne peut ignorer et n'a le droit de masquer l'ampleur des risques et des conséquences notamment pour l'économie régionale et surtout pour le littoral du Nord-Pas-de-Calais[40].

Pour la confédération procommuniste, ce tunnel serait de tous les dangers : entre autres défauts, le projet comporterait des effets en matière d'emplois, un grand besoin de formation, une influence sur les activités de transport, des incidences sur l'indépendance nationale et l'équilibre des échanges extérieurs, ainsi qu'un impact néfaste sur l'environnement et la sécurité des travailleurs... En février 1986, un mois après l'accord entre Margaret Thatcher et François Mitterrand pour la construction

---

[38] Seumas Milne, *The Enemy Within. The Secret War Against the Miners* (Londres : Verso, 1994).

[39] CPGB : CP/CENT/INT/06/02.

[40] PCF : 242 J 230.

du tunnel, Robert Mascarelli demande dans *Vie ouvrière* ce que « deviendront le trafic maritime et ceux qui l'assurent ? »[41].

Les Britanniques partagent ces préoccupations. Le 12 janvier 1986, le CPGB déclare : « À un moment où les besoins du peuple britannique exigent de l'argent en urgence pour la construction de logements sociaux et d'hôpitaux, Mme Thatcher agit avec un empressement mal à propos dans ses efforts pour conclure une affaire avec la France sur la construction d'un tunnel sous la Manche »[42]. Le parti appelle donc à un moratoire sur le projet. Dans une lettre à Gerry Pocock, Dorothy Friedmann exprime son hostilité au Tunnel. Selon elle, « il est difficile de voir comment le Tunnel sous la Manche augmenterait la richesse ». La côte serait transformée en « zone de passage », le Nord désindustrialisé. Friedmann s'inquiète également de la « présence des hommes » sur les futurs grands chantiers[43].

Mais cette opposition commune au Tunnel ne peut masquer les divergences croissantes entre et à l'intérieur des deux partis. Alors qu'en février 1985, en pleine grève des mineurs, Gerry Pocock adressait un message chaleureux au parti frère lors de son 25e Congrès, son rapport interne pour le comité exécutif du CPGB est beaucoup plus critique. Il y déplore l'absence de débat démocratique, sans parler d'autocritique, au sein du PCF : « Le rapport de Marchais a duré cinq heures [...] ce qui m'a frappé, c'était l'absence d'analyse de la période depuis 1980, et l'absence totale de toute référence, sans parler d'analyse, concernant le Front national, qui rivalise désormais avec le PCF sur le plan électoral [...] aucune mention non plus du travail et de l'unité

[41] *Vie ouvrière*, 9 février 1986.

[42] PCF : 261 J 7/41.

[43] CPGB : CP/CENT/06/02.

avec les socialistes au niveau local ». Selon Pocock, le PCF semble évoluer à l'extérieur de la société française, dénonçant la « décadence » du capitalisme et ignorant des développements plus positifs : de nouveaux courants comme les droits de l'homme, l'antiracisme, la lutte pour la paix, la jeunesse et de nouvelles manières de faire la politique[44].

Les communistes français surveillent la dissidence. En février 1985, Renée Pamart s'émeut d'un article critique publié dans *Marxism Today* par deux universitaires de Grenoble. La PolEx se décide à « informer le parti de Grande-Bretagne sur notre appréciation sur l'article » et à « s'informer auprès de la Fédération de l'Isère sur ces deux « camarades » ». On souligne également « les visites nombreuses de Maurice Goldring [autre intellectuel dissident] en Grande-Bretagne ». En novembre 1985, on relève un article non signé paru dans *Seven Days*, « *Autocritiques* de Pierre Juquin active le débat des communistes français ». « Même non signé », conclut-on, « il est clair que l'article est de Jeff Apter »[45]. Le programme de Juquin, qui s'intéresse aux « nouveaux mouvements » et à l'écologie, fait écho à celui du CPGB. Mais ce porte-parole devenu dissident est mis en minorité par la direction du PCF et finit par en être exclu.

Le PCF porte un regard tout aussi sombre sur l'état du CPGB. En octobre 1985, dans son rapport sur le congrès du Labour, Jacques Denis remarque l'absence du Parti communiste, « un indice de marginalisation accélérée ». En septembre 1987, Renée Pamart soumet un rapport sur le 40e Congrès du CPGB. Les mots lui en tombent : il n'y avait que 19 candidats aux élections législatives et le nombre de voix recueillies par chacun

---

[44] *Ibid.*

[45] PCF : 261 J 7/41.

d'eux n'excède pas quelques centaines. Les vecteurs d'optimisme sont rares :

> La partie « descriptive » sur la profondeur de la crise en Grande-Bretagne, la situation internationale ne donne pas lieu à des remarques de fond. Par contre, on peut s'interroger longuement sur la stratégie du Parti, sur le rôle spécifique du Parti, sur ses conceptions de l'union, et ses errances allant d'un sectarisme certain à un opportunisme qui ne l'est pas moins. Outre qu'on ne retrouve pas l'action propre du Parti, on ne peut que regretter qu'il situe son activité dans le contexte des prochaines élections. Enfin (et je souhaite que mes craintes ne se justifient pas), l'éventualité d'un éclatement du parti ne peut être totalement exclue[46].

Effectivement, le CPGB, déjà contesté par le *Morning Star*, se trouve désormais concurrencé par un Parti communiste britannique (PCB) qui se proclame le continuateur légitime de la formation fondée en 1920. En décembre 1987, R. Trugnan, de la PolEx, écrit :

> Le rédacteur en chef du *Morning Star* nous écrit pour demander des relations étroites avec *L'Humanité*. N'ayant pas de correspondant à Paris, il souhaite notamment échanger photos et informations. Mis à l'index par le Parti britannique, ses responsables exclus, la situation du *Morning Star* est difficile. Il reste cependant la seule voix révolutionnaire conséquente, attentive aux luttes ouvrières. Le dernier congrès du Parti britannique a persévéré dans ses orientations opportunistes. Un amendement

---

46 *Ibid.*

demandait que toute référence au *Morning Star* soit supprimée des statuts.

On propose de demander à la direction de *L'Humanité* d'aider le *Morning Star* « dans la mesure de ses moyens »[47].

Autre exemple du double jeu du « parti frère », en septembre 1988 a lieu une rencontre avec des représentants du nouveau PCB, dont Derek « *Red Robbo* » Robinson, militant syndical à la notoriété nationale. Dans l'entretien, qui se déroule hors des murs de Colonel-Fabien, Robinson et ses camarades expliquent que le déclin du CPGB est dû essentiellement à « son abandon de l'activité dans les industries par volonté politique découlant de l'abandon du rôle fondamental de la classe ouvrière ». De plus, sur l'Europe, le CPGB serait en train de « faire évoluer sa position vers l'acceptation de la CEE »[48]. Si Gerry Pocock se plaint de la présence du *Morning Star* à la Fête de l'Humanité et de la diffusion de tracts par le CPB. Gaston Plissonnier se veut rassurant : « Nous vous réaffirmons notre position de principe selon laquelle le PCF n'a de rapport, dans chaque pays, qu'avec le parti communiste de ce pays »[49].

Les critiques et les craintes de *Red Robbo* ne sont pas sans fondements. Les intellectuels « gramsciens » groupés autour de *Marxism Today* – et basés presque exclusivement à Londres – poursuivent leur chemin iconoclaste, critique envers le modèle soviétique, favorable au décentrement de la classe ouvrière, tolérant envers le consumérisme et enthousiaste pour l'écologie et d'autres « forces nouvelles ». Après neuf ans de thatchérisme, dans un numéro spécial de *Marxism Today* sorti pour marquer le

---

[47] *Ibid.*

[48] *Ibid.*

[49] CPGB : CP/CENT/INT/06/02.

vingtième anniversaire de mai 68, Stuart Hall et Martin Jacques écrivent :

> Rétrospectivement, il n'est guère surprenant que l'année 1968 paraisse excessivement optimiste, puisqu'elle était inévitablement marquée par l'esprit de son temps. Par ailleurs, l'année 1968 semble lointaine parce que la droite radicale est à l'ascendant. Et paradoxalement l'une des raisons pour lesquelles la droite radicale domine est qu'elle a réussi à s'approprier les thèmes populaires de 1968 – antiétatisme, expression de soi, individualisme, culture consumériste...[50]

L'événement organisé par le magazine, *The 68 Show*, illustre ses orientations, et ses distances vis-à-vis du PCF. Certes, il y a une exposition sur « Paris en mai » et la projection de *La Chinoise* de Jean-Luc Godard. Mais l'année 1968 est globalisée et diversifiée avec des discussions sur le Vietnam, l'Irlande, Black Power, l'Underground « le personnel est politique », et le féminisme, sans parler de projections des films *Performance* et *Head*, figurant Mick Jagger et les Monkees respectivement. L'intellectuel vedette est Ernesto Laclau, philosophe gramscien proche du PCI.

Signe des temps, les derniers historiens du CPGB ratent le bicentenaire de la Révolution française. Certes, en décembre 1988, le CPGB demande au PCF de lui adresser du matériel photo, gravures et dessins relatifs à la Révolution française. Le PCF décide d'abord de « répondre positivement »[51]. Les historiens britanniques prévoient de consacrer un ou deux numéros de leur revue *Our History* au Bicentenaire. Michel

---

[50] *Marxism Today*, mai 1988, p. 27.

[51] PCF : 261 J 7/41.

Vovelle, grand historien communiste, accepte d'y contribuer. Mais le 11 novembre 1989, deux jours après la chute du mur de Berlin, la réponse de Paris se fait toujours attendre. Le 6 janvier 1990, on note : « Révolution française. Aucune réponse. À laisser tomber »[52].

Les intellectuels autour de *Marxism Today* jouent un rôle clé dans l'élaboration de ce qui s'avère le dernier programme du CPGB, le *Manifeste pour les Temps Nouveaux*. Ce document porte un jugement sévère sur le socialisme réellement existant, qu'il qualifie d'autoritaire, inefficace et dévastateur sur le plan écologique. On propose une nouvelle politique qui soit plus adéquate au monde « postfordiste ». Sans écarter complètement la lutte des classes, l'accent est porté sur d'autres types de luttes ainsi que sur le dépassement de la forme traditionnelle du parti politique.

Ce programme, qui repousse non seulement les « ouvriéristes », mais aussi des pionniers de l'eurocommunisme, tel Monty Johnstone, marque une nouvelle étape de la dissolution de l'identité communiste du CPGB, déjà entamée en 1951 avec le *British Road to Socialism*. Fin novembre 1989, en plein effondrement du communisme est-européen, les délégués d'un parti réduit à 6 000 adhérents se réunissent à Londres pour leur 41e Congrès. Dans son rapport, Pierrette Le Corre est exaspérée par le « très confus » *Manifeste* : « Extrêmement long, confus, contradictoire et rédigé dans un style impossible, ce texte reprend essentiellement les idées mises en avant dans *Marxism Today* avec dans le plus grand désordre un certain nombre d'idées qui appartiennent à la tradition communiste britannique, dans une inévitable incohérence ». Elle note « l'intérêt exceptionnel pris par la grande presse pour ce congrès – intérêt et

[52] CPGB : CP/CENT/CULT/6/8.

jubilation, spéculations sur la disparition totale du parti ou son absorption par le Parti Vert et le Parti travailliste, et la publicité faite au discours de Martin Jacques, dont un très long extrait a été publié par le *Sunday Times* »[53]. Jacques confirmera son caractère dangereux dans une interview avec *Newsweek*, où il déclare : « Oui, c'est la fin du communisme tel que vous et moi le connaissons »[54].

Côté français, on espère encore que les Britanniques conservent l'étiquette « communiste » – ou au moins la forme-parti. En septembre 1990, Le Corre note : « Le représentant du CPGB avec qui j'ai parlé à la Fête m'a confirmé le changement probable de nom (le terme communiste étant devenu répugnant (*abhorrent* en anglais) à la suite des événements d'Europe de l'Est) mais pas la dissolution qui, d'après lui, n'est demandée que par une minorité ». Au 42e Congrès de décembre 1990, l'abandon du terme communisme est repoussé « temporairement ». Mais cette réunion offre un spectacle affligeant aux observateurs français. On y remarque le « vieillissement du parti, pas assez de délégués femmes, de délégués noirs ». La discussion du Congrès souligne « l'influence des événements en Europe de l'Est et des relations avec le Parti italien, le climat de pessimisme, le rejet par palier ces dernières années de tout ce qui constituait l'identité communiste ». Le programme de ce parti agonisant « est en gros un programme social-démocrate. Abandon total de « l'illusion d'un parti d'avant-garde » pour renverser le capitalisme ». On souligne « la pauvreté effarante du *Manifeste* sur le plan économique et géopolitique. N'est-elle pas à relier à l'obsession entretenue dans le parti depuis plusieurs années d'éviter toute tendance à

---

[53] PCF : 261 J 7/41.

[54] *Newsweek*, 11 décembre 1989.

l'économisme ? En ce qui concerne l'Europe le *Manifeste* parle de travailler avec l'Europe mais c'est une Europe fictive ». Bien que la direction du CPGB espère le ralliement d'une minorité de militants fidèles à l'identité communiste du parti, le collectif Grande-Bretagne se montre pessimiste et estime qu'il y a « malheureusement plus de chances qu'ils s'en aillent dans la nature ». Les observateurs français en parviennent à cette conclusion perspicace sur la marginalisation accélérée du CPGB depuis le début des années quatre-vingt : « Les problèmes du mouvement communiste britannique ont permis ces dernières années la prise en main de certaines luttes par des groupes trotskistes », en particulier du mouvement contre la *poll-tax* (impôt local très impopulaire qui avait creusé le tombeau de Margaret Thatcher) et de celui contre la guerre du Golfe[55].

Après la chute du Mur de Berlin, la divergence entre le CPGB et le PCF s'accentue radicalement. Le parti de Georges Marchais s'accroche à l'identité communiste, croit à un « deuxième souffle dans le socialisme », même à l'Est, et étouffe les contestataires, lors de son XXVIIe Congrès, en décembre 1990. Chris Myant, délégué britannique, dit à Pierrette Le Corre : « Si je comprends bien, les conclusions que vous tirez des événements récents sont l'inverse des nôtres »[56]. Selon Stephen Hopkins, autre délégué, les résultats de la discussion au Congrès sont « d'une prévisibilité frustrante ». Il constate l'affaiblissement de l'opposition interne : « il n'y a pas de perestroïka à la française ». Bien que Marchais condamne le massacre de Tienanmen, provoquant le départ des délégués chinois, on présente les partis « plus idéologiquement inflexibles », tels que les Vietnamiens et les Cubains, comme exemples de la vertu révolutionnaire.

---

[55] PCF : 261 J 7/41.

[56] *Ibid.*

Charles Fiterman, ancien ministre devenu rénovateur, quitte le Secrétariat du parti. L'autocritique est très limitée : « des dissidents ont été écoutés, même réélus, mais ils restent impuissants. Les chances pour le PCF de reconstituer un mouvement communiste international sont extrêmement faibles. Il n'a guère plus de chances d'arrêter, sans parler de renverser, la marginalisation du PCF au sein du système politique et de la société française ». Hopkins arrive à cette conclusion pessimiste : « ironie de l'histoire, l'échec des "refondateurs" pourrait leur épargner la tâche tragique de présider à la longue agonie du mouvement communiste français »[57].

Le *Conte de deux partis* tire à sa fin douloureuse. En janvier 1991, comme en janvier 1980 (mais cette fois-ci en l'absence de délégués polonais), le PCF convoque une conférence des partis communistes survivants afin de refonder une organisation communiste européenne et internationale. Gerry Pocock exprime son agacement au comité exécutif : « nous n'avons pas abandonné, et nous ne voulons pas abandonner, l'internationalisme ; mais nous voulons un internationalisme qui soit pertinent aux temps nouveaux ». Selon lui, « il n'y a aucune raison d'avoir des réunions réservées aux seuls partis communistes. Je ne vois même pas à quoi servirait une réunion des partis communistes de la CEE. Pour discuter de quoi ? Une caractérisation générale de la CEE est loin derrière nous. Si le but est d'avoir une discussion sur quelque chose de spécifique, par exemple, l'Afrique du Sud ou le chapitre social de la CEE, à quoi sert-il de la limiter aux communistes ? »[58].

Fin janvier, le collectif Grande-Bretagne note que « le *Morning Star* connaît de nouvelles difficultés après l'annonce

---

57 CPGB : CP/CENT/INT/45/02.

58 *Ibid.*

d'une nouvelle diminution du nombre d'exemplaires achetés par l'URSS ». En novembre 1991 s'ouvre le 43e et dernier Congrès du CPGB, maintenant « fort » de 4 000 adhérents, qui entérine sa transformation en « Gauche démocratique », organisation décentralisée attachée aux valeurs humanistes et écologistes. Le PCF lui envoie ce dernier message : « Nous considérons que dans la situation présente, la solidarité et la coopération entre toutes les forces progressistes sont plus que jamais nécessaires [...] L'échec du socialisme dévoyé ne nous fait nullement renoncer à lutter pour le socialisme. [...] Le capitalisme n'est pas corrigible ». Mais les Britanniques semblent se désintéresser de leurs camarades français. Dans les coulisses du Congrès, lors un événement intitulé « Signes des temps », interviennent Ernesto Laclau, des représentants des ex-PC d'Italie et de RDA, et « un démocrate soviétique ». En décembre 1991, *Marxism Today* cesse de paraître. Martin Jacques, son dernier directeur, avait déjà quitté le CPGB après des révélations sur le financement soviétique du parti jusqu'en 1979. Dans un des derniers rapports pour la PolEx, Dominique Touraine fait cette observation acerbe : « sans commentaires sur le personnage que nous connaissons comme quelqu'un ayant pris ses distances vis-à-vis du PCGB et collaborant avec la bourgeoisie... »[59].

[59] PCF : 261 J 7/41.

Sources

Archives

Archives départementales de Seine-Saint-Denis, Bobigny (archives du PCF)

Archives diplomatiques de La Courneuve

Centre for the Study of Labour History, Manchester (archives du CPGB et du Labour Party)

Institut d'histoire sociale CGT, Montreuil

Marx Memorial Library, Londres

National Archives, Kew

National Library of Australia, Canberra (papiers de Jack Lindsay)

Bibliographie sélective

Geoff Andrews, *Endgames and New Times. The Final Years of British Communism, 1964-1991* (Londres : Lawrence and Wishart, 2004).

John Bennett, *Aragon, Londres et la France Libre* (Paris : L'Harmattan, 1998).

Marcel Cachin, *Carnets, tome IV. 1935-1947* (Paris : Éditions du CNRS, 1998).

John Callaghan, *Cold War, Crisis and Conflict. The CPGB 1951-68* (Londres : Lawrence et Wishart, 2003).

Stéphane Courtois et Marc Lazar, *Histoire du Parti communiste français* (Paris : PUF, 1995).

Nina Fishman, *Arthur Horner. A Political Biography. Volume 2. 1944-1968* (Londres : Lawrence et Wishart, 2010).

Eric Hobsbawm, *Franc-tireur. Autobiographie* (Paris : Ramsay, 2006).

Jack Lindsay, *Meetings With Poets* (Londres : Frederick Muller, 1968).

Frédérique Matonti, « Francs-Tireurs ou Partisans : les historiens communistes français et britanniques », *Revue d'histoire moderne et contemporaine*, 5 (2006), p. 80-87.

Seumas Milne, *The Enemy Within. The Secret War Against the Miners* (Londres : Verso, 1994).

Kevin Morgan, *International Communism and the Cult of the Individual. Leaders, Tribunes and Martyrs under Lenin and Stalin*, (Londres : Palgrave Macmillan, 2017).

Willie Thompson, *The Good Old Cause* (Londres : Pluto Press, 1992).

Jean Vigreux, *Waldeck Rochet. Une biographie politique* (Paris : La Dispute, 2000).

Table des matières

Structures éditoriales du groupe L'Harmattan

L'Harmattan Italie
Via degli Artisti, 15
10124 Torino
harmattan.italia@gmail.com

L'Harmattan Hongrie
Kossuth l. u. 14-16.
1053 Budapest
harmattan@harmattan.hu

L'Harmattan Sénégal
10 VDN en face Mermoz
BP 45034 Dakar-Fann
senharmattan@gmail.com

L'Harmattan Cameroun
TSINGA/FECAFOOT
BP 11486 Yaoundé
inkoukam@gmail.com

L'Harmattan Burkina Faso
Achille Somé – tengnule@hotmail.fr

L'Harmattan Guinée
Almamya, rue KA 028 OKB Agency
BP 3470 Conakry
harmattanguinee@yahoo.fr

L'Harmattan RDC
185, avenue Nyangwe
Commune de Lingwala – Kinshasa
matangilamusadila@yahoo.fr

L'Harmattan Congo
67, boulevard Denis-Sassou-N'Guesso
BP 2874 Brazzaville
harmattan.congo@yahoo.fr

L'Harmattan Mali
Sirakoro-Meguetana V31
Bamako
syllaka@yahoo.fr

L'Harmattan Togo
Djidjole – Lomé
Maison Amela
face EPP BATOME
ddamela@aol.com

L'Harmattan Côte d'Ivoire
Résidence Karl – Cité des Arts
Abidjan-Cocody
03 BP 1588 Abidjan
espace_harmattan.ci@hotmail.fr

L'Harmattan Algérie
22, rue Moulay-Mohamed
31000 Oran
info2@harmattan-algerie.com

L'Harmattan Maroc
5, rue Ferrane-Kouicha, Talaâ-Elkbira
Chrableyine, Fès-Médine
30000 Fès
harmattan.maroc@gmail.com

Nos librairies en France

Librairie internationale
16, rue des Écoles – 75005 Paris
librairie.internationale@harmattan.fr
01 40 46 79 11
www.librairieharmattan.com

Librairie l'Espace Harmattan
21 bis, rue des Écoles – 75005 Paris
librairie.espace@harmattan.fr
01 43 29 49 42

Lib. sciences humaines & histoire
21, rue des Écoles – 75005 Paris
librairie.sh@harmattan.fr
01 46 34 13 71
www.librairieharmattansh.com

Lib. Méditerranée & Moyen-Orient
7, rue des Carmes – 75005 Paris
librairie.mediterranee@harmattan.fr
01 43 29 71 15

Librairie Le Lucernaire
53, rue Notre-Dame-des-Champs – 75006 Paris
librairie@lucernaire.fr
01 42 22 67 13

www.ingramcontent.com/pod-product-compliance
Lightning Source LLC
LaVergne TN
LVHW010429230826
846092LV00009BA/1099